Das Buch

Als Waris Dirie von ihrem Bruder Mohammed einen Anruf erhält, dass ihre Mutter in der Heimat Somalia an starken Bauchschmerzen leidet, handelt sie, ohne zu zögern: Sie holt die Mutter für eine dringend notwendige Operation nach Europa, kümmert sich liebevoll um sie und wacht Tag und Nacht an ihrem Bett. Schon wenige Tage nach dem geglückten Eingriff zieht die Mutter bei der Tochter ein, doch die anfängliche Freude über die wiedervereinte Familie schlägt bald um in gegenseitige Vorwürfe und Missverständnisse.
Der Mutter bleibt die moderne westliche Welt völlig fremd – sie kann nicht verstehen, warum Waris die neue Heimat der somalischen Wüste vorzieht. Die Tochter wiederum begreift nicht, weshalb die Mutter so stur an ihren traditionellen Ansichten und Werten festhält. Als Waris erfährt, dass die Mutter immer noch mit der alten Zigeunerin befreundet ist, die der damals fünfjährigen Waris unsagbare Schmerzen zufügte, sie an den Genitalien verstümmelte, ist sie geschockt und fühlt sich wie gelähmt. Waris erkennt, wie groß der Graben zwischen ihr und der Mutter ist und wie untrennbar Leid und Liebe verkettet sind. Sie beschließt, der Mutter nach deren Abreise einen langen Brief zu schreiben, in dem sie ihr auch von einem Geheimnis erzählen will, das sie bislang noch niemandem anvertraut hat.

Die Autorin

Waris Dirie, 1965 geboren, floh mit vierzehn Jahren aus ihrer Heimat Somalia, um einer Zwangsverheiratung mit einem Mann zu entgehen, den ihr Vater für sie ausgesucht hatte. In London schlug sie sich jahrelang mit verschiedenen Hilfsarbeiten durch, u. a. als Putzfrau, bis sie als Model entdeckt wurde. Seit 1994 ist sie UN-Sonderbotschafterin im Kampf gegen Genitalverstümmelung. Im Jahr 2002 gründete sie die »Waris Dirie Foundation«, die gegen die Folter der rituellen Beschneidung in aller Welt kämpft. 1998 veröffentlichte sie ihre Autobiographie *Wüstenblume*, 2001 erschien *Nomadentochter* und 2005 ihr drittes Buch *Schmerzenskinder*. Alle Titel wurden international Bestseller.

Waris Dirie

*Brief an
meine Mutter*

Ullstein

Besuchen Sie uns im Internet:
www.ullstein-taschenbuch.de

Umwelthinweis:
Dieses Buch wurde auf chlor- und säurefreiem Papier gedruckt.

Ungekürzte Ausgabe im Ullstein Taschenbuch
1. Auflage September 2008
3. Auflage 2008
© Ullstein Buchverlage GmbH, Berlin 2007/Ullstein Verlag
Aufgezeichnet von Dr. Christian Nusser
Text und Recherche: Daniel Winkler und Joanna Lasik
Fotos im Innenteil: Walter Lutschinger, mit Ausnahme
von Nr. 15 (Kurt Faist) und Nr. 16 (GEPA-pictures)
Umschlaggestaltung: HildenDesign, München
Titelabbildung: © Shonna Valeska
Satz: Pinkuin Satz und Datentechnik, Berlin
Gesetzt aus der Minion
Druck und Bindearbeiten: CPI – Ebner & Spiegel, Ulm
Printed in Germany
ISBN 978-3-548-37219-8

Inhalt

Vorbemerkung 7

Ein schwieriger Anfang 9

KAPITEL 1 • Der Anruf 13
KAPITEL 2 • Mama, ich hole dich 31
KAPITEL 3 • Das Wiedersehen 47
KAPITEL 4 • In Mogadischu 71
KAPITEL 5 • Die Operation 91
KAPITEL 6 • Mama in der fremden Stadt 123
KAPITEL 7 • Der Zusammenbruch 153
KAPITEL 8 • Das neue Leben 167

Versöhnen und verzeihen 189

ANHANG 1 • Islam ächtet
           Genitalverstümmelung 193
ANHANG 2 • Waris Dirie – ihre Reden 197

Vorbemerkung

Manchmal frage ich mich: Ist das alles wirklich passiert? Oder bin ich nur gerade eben aufgewacht aus einem langen und düsteren Traum?

Wenn ich mich dann in meinem Sessel zurücklehne und die Augen schließe, tauchen die Bilder des letzten halben Jahres vor mir auf. Ich habe meine Mutter zum ersten Mal seit zehn Jahren wiedergesehen. Ich habe sie aus Afrika zu Ärzten nach Wien geholt, weil sie sehr krank war, an Bauchkrämpfen litt, deren Ursache niemand feststellen konnte. Ich habe ihr mein Wien gezeigt und versucht, mich mit ihr auszusprechen. Alles endete, wie ich es mir in meinen schlimmsten Träumen nicht hätte ausmalen können.

Als meine Mutter abgereist war, fühlte ich mich ausgebrannt und leer. Ich wusste nicht, wohin mit meinen Gefühlen – meiner Trauer, meiner Wut, meinem Schmerz. Eine günstige Fügung führte mich schließlich nach Südafrika. Ich kaufte mir dort ein kleines Haus, und allmählich reifte in mir der Entschluss, die Erlebnisse der letzten Monate aufzuschreiben, um zu verstehen, was geschehen ist, und um den Weg zurück zu meiner Mutter zu finden. Ich musste mir meinen Kummer von der Seele schreiben.

Es entstand das intimste Buch, das ich je verfasst habe, ein langer Brief an meine Mutter. Ich teile ihr darin alles mit, was ich in Wien nicht sagen konnte, Dinge, die ich bisher noch niemandem anvertraut habe. Er ist keine Anklage. Er ist auch für mich mehr als eine seelische Reinigung. Er ist eine Liebeserklärung. Die Liebeserklärung einer Tochter an ihre Mutter.

Waris Dirie

Ein schwieriger Anfang

Liebe Mama,

ich trage dieses Bild bei mir, wo immer ich auch bin. Es zeigt dich in der somalischen Wüste. Du hast ein weites afrikanisches Kleid an, das bis zum Boden reicht. Es ist bunt und grell, zeigt alle Farben der Welt. Um deinen Hals baumeln unzählige Ketten aus Gold, die Finger sind voll mit Ringen. Ich weiß, dass du es so magst. Du siehst stolz aus und erhaben, dein Gesicht ist glatt wie das eines Mädchens. Dein Blick ist unergründlich wie die See, und vielleicht ist es auch das, was ich an dem Bild am meisten liebe.
Als wir uns vor einigen Monaten in Wien das letzte Mal sahen, hatten wir einen riesigen Streit. Wir haben beide geschrien, getobt und geweint vor lauter Wut, Enttäuschung und auch aus Schmerz. Wir haben uns Worte an den Kopf geworfen, die besser ungesagt geblieben wären. Wir sind schließlich auseinandergegangen wie zwei Streithähne, ermattet nach einem stundenlangen Kampf.
Ich sitze nun hier in meinem kleinen Häuschen in Südafrika, das zu meinem neuen Refugium geworden ist. Dein Bild steht vor mir auf dem Schreibtisch, und ich kann deinem Blick nur

selten entgehen. Ich schaue auf das Meer hinaus, auf die Wellen, auf die kleinen Fischerboote, die vor der Küste treiben. Es ist später Nachmittag. Die Sonne zeigt sich glutrot und ist am Horizont schon halb ins Meer abgetaucht. Sie geht hier in Afrika anders unter als in Europa, unsagbar langsam.

Ich habe nicht viel geschlafen die letzten Nächte. Ich war aufgewühlt und durcheinander. Ein Feuer lohte in mir. Ich suchte nach einer Möglichkeit, dir nahezukommen, aber mir fiel nichts ein. Ich wälzte mich im Bett hin und her. Ich habe dir noch so viel zu sagen, aber ich weiß nicht, wie. Ich muss dir einiges beichten, aber ich finde keinen Weg. Die Wahrheit ist oft wie eine Rose. Wer nach ihr greift, muss damit rechnen, gestochen zu werden. Es tut weh, unsagbar weh, dass ich mir eingestehen muss: »*Waris, du hast in deinem Leben viel geschafft, aber ein Ziel nie erreicht: in das Herz deiner Mutter zu gelangen.*«

Ich wollte immer, dass du stolz auf mich bist, dass du daheim erzählst von deiner Tochter in der fremden Welt. Dass du dabei Bewunderung empfindest für die starrköpfige, dickköpfige, trotzköpfige Waris, die sich durchgeboxt hat in ihrem neuen Leben. Ich weiß: Vieles von dem, was ich tue und sage, verstehst du nicht oder kannst du nicht gutheißen, weil dir deine Tradition etwas anderes vorschreibt. Du lebst im alten Afrika, gefangen in all seinen Riten und Sitten. Ich trage mein Afrika in mir. Es ist ein modernes Afrika, eine kraftvolle Mischung aus Tradition und Erneuerung. Liebe Mama, alles, was ich von dir möchte, ist, dass du versuchst, mich zu verstehen.

Wenn man das, was im Leben scheinbar wichtig ist, mit der Hand einfach wegschieben könnte, was bliebe dennoch immer so, wie es war? Die Liebe einer Tochter zu ihrer Mutter. Die Liebe einer Mutter zu ihrem Kind. Nichts auf der Welt ist so stark wie dieses Band.

Es sind sehr intime Zeilen, Mama. Vieles von dem, was ich dir

schreibe, habe ich noch nie jemandem erzählt. Nicht einmal meinen besten Freunden. Mehr als einmal musste ich mich überwinden, dir die nackte Wahrheit zu schildern. Aber die Zeit ist gekommen, um Zeugnis abzulegen. Die Wahrheit zu sagen und nichts als die Wahrheit.
Ich will, dass du verstehst, warum ich so bin, wie ich bin. Vielleicht schaffe ich es so, dir nahezukommen.
Wir sind Mutter und Tochter, blutsverwandt, aber doch grundverschieden. Wir sind Tausende Kilometer voneinander getrennt, aber unsere Ansichten liegen oft so weit voneinander entfernt, als würden wir auf unterschiedlichen Planeten leben. Ich habe oft die Hand zur Versöhnung ausgestreckt, aber du hast sie immer ausgeschlagen. Egal, ob wir über Religion, Tradition, Familie gesprochen haben – wir fanden nie zueinander. Da war kein Verständnis für die Sichtweise des anderen. Dabei wünsche ich mir nichts sehnlicher in meinem Leben, als von dir verstanden zu werden.
Ich bin und bleibe Waris, deine Wüstenblume. Geboren in deinem Schoß in der Wüste Somalias, halb totgeprügelt vom jähzornigen Vater, genital verstümmelt einer grausigen Tradition wegen. Ich lief weg mit nichts als den Kleidern auf dem Leib. Eine gnädige Welle spülte mich nach London, eine günstige Woge trug mich nach oben. Aus Waris, der Wüstenblume, wurde Waris das Topmodel, die UN-Sonderbotschafterin, die Kämpferin gegen das Unrecht der Genitalverstümmelung, die Erfolgsautorin. Viele Millionen Menschen haben die Bücher über mein Leben gelesen.
Aber Mama, das ist nicht die ganze Geschichte. Denn seit vielen Jahren trage ich ein Geheimnis in mir. Ich habe noch nie darüber gesprochen. Nach außen hin bin ich die starke Waris, die Kämpfernatur, immer schön, immer lächelnd. Innen aber bin ich verletzlich, unsicher, nach wie vor fremd in dieser großen, bunten Welt. Schuld daran ist ein Dämon,

der über meinem Leben schwebt. Manchmal glaube ich, dass er verschwunden ist oder dass ich ihn besiegt habe. Aber dann taucht er plötzlich wieder auf, und das mit einer Wucht und Brutalität, dass es mich umreißt und in die Dunkelheit zerrt.

Dieser Dämon hat die Befehlsgewalt über mein Leben. Er bestimmt, was ich fühle, was ich im Leben schaffe, ob es mir gut geht oder schlecht. Vielleicht kannst du mir helfen, ihn zu besiegen, Mama. Gemeinsam sind wir stark, Mutter und Tochter.

Mama, mit diesem Brief trete ich vor dich hin und bitte dich um deine Hilfe und um deine Liebe.

Deine Waris, deine Wüstenblume, deine Tochter.

KAPITEL 1
Der Anruf

Es war unverkennbar Herbst geworden in Wien. Der Wind wehte die Blätter von den Bäumen, und das Laub am Boden bot ein spektakuläres Farbenspiel in allen erdenklichen Braun- und Rottönen. Zwischen den Blättern lugten immer wieder Kastanien hervor. Der Sommer war heiß und trocken gewesen. Jetzt hatten der erste Regen und der kühle Wind die Natur in Aufregung versetzt. Man hatte den Eindruck, als wollten sich Tiere und Pflanzen noch schnell für den Winter wappnen. Wer durch die Stadt strich, sah Eichhörnchen hektisch Futter sammeln und von Baum zu Baum huschen.

Am Himmel zogen die Wolken rasch vorbei. Licht und Schatten wechselten in rascher Folge. Wenn die Sonnenstrahlen durchbrachen, dann war es anheimelnd und warm, wurden sie durch Wolken verdeckt, dann spürte man den kalten Hauch des kommenden Winters. Unverkennbar focht der Sommer seinen letzten Kampf aus, in wenigen Tagen schon würde er ermattet aufgeben und dem Herbst unwiderruflich das Feld überlassen.

Es war Ende Oktober geworden, und ich spazierte durch Wien, meine neue Heimat. Halb hatte mich der Zufall, halb das Schicksal hierherverschlagen. Ich war vor einem Mann, der mich hartnäckig verfolgte und bedrohte, nach Wien geflüchtet. Ich hatte mir eine kleine Wohnung genommen und war glücklich, angekommen zu sein. Aber in mir brannte die Frage: »Werde ich hier endlich Wurzeln schlagen können? Wird Wien meine neue Heimat? Für wie lange? Vielleicht für immer?«

Es war aufregend und beglückend zugleich, durch die Straßen der Stadt zu gehen und dem geschäftigen Treiben zuzusehen. Vor mir sah ich eines dieser typischen Wiener Kaffeehäuser. Ich beschloss, mir eine Tasse Tee zu gönnen. Es ging mir so gut wie schon lange nicht mehr in meinem Leben. Ich hatte das Gefühl, endlich mit mir im Reinen zu sein. Das vergangene Jahr war hart gewesen, und ich war mehr als einmal am Ende meiner Kräfte angelangt. Aber dann schaffte ich es doch, diese schwerste Prüfung meines Lebens zu meistern, und aus diesem Triumph zog ich unendlich viel Mut, Selbstvertrauen und Energie. Ich fühlte mich wie ein Marathonläufer beim Zieleinlauf. In den Beinen steckte noch die Anstrengung von zweiundvierzig gelaufenen Kilometern, aber in der Seele breitete sich nach und nach das wohlige Gefühl aus: Geschafft!

Jahrelang hatte ich etwas in mir getragen, über das ich mit keiner Menschenseele sprechen konnte – oder wollte. Als Kind war ich auf grausame Weise genital verstümmelt worden, weil es die Tradition in meiner Heimat Somalia so verlangte. Bis ans Ende meiner Tage werde ich wohl an den Folgen dieser Verstümmelung zu leiden haben. Ich habe häufig Schmerzen, manchmal so stark, dass ich weder ein noch aus weiß. Aber nicht nur mein Körper schrie, auch meine Seele brüllte, seit ich ein Kind war. Diesen Schmerz, diese Demütigung musste ich ertragen, ohne mich jemandem anvertrauen zu können.

Eines Tages entschied ich, nicht mehr davonzulaufen: »Waris«, sagte ich zu mir, »du musst dich deinem Schicksal stellen.

Du bist kein Baby mehr, das glaubt, es genüge, die Augen zu schließen, und sofort würde alles gut werden.«

Ich beschloss, über Genitalverstümmelung zu sprechen, ganz offen. Ich schrieb ein Buch über mein eigenes Schicksal und über das Schicksal von genital verstümmelten Mädchen in Europa: *Schmerzenskinder*. Das Buch wurde ein Bestseller, Tausende Menschen lasen es. Für viele war neu, was hier geschildert wurde, und sie konnten es kaum glauben. Andere wiederum erkannten sich und ihr Schicksal wieder.

Ich wusste anfangs nicht, welche Lawine ich mit meinem Buch lostreten sollte. Noch nie zuvor hatte jemand offen darüber gesprochen, welches Leid mitten unter uns angerichtet wird. Genitalverstümmelung – das kannte man höchstens aus Abenteuerfilmen über Afrika. Und dann stellt sich jemand wie ich plötzlich hin und widerspricht: »Nein, das passiert nicht nur Tausende Kilometer entfernt, sondern auch mitten in Europa, mitten unter uns. Mädchen werden Teile der Klitoris weggeschnitten, man näht ihnen die Vagina fast ganz zu. Meist verwendet man eine Rasierklinge zum Schneiden, eine Betäubung gibt es nicht.«

Zeitungen, Zeitschriften, Radio, Fernsehen, Internet – ich gab Interviews, hielt Vorträge, wurde zu Konferenzen eingeladen. Ich wurde geehrt und mit Auszeichnungen bedacht. Ich traf viele interessante, mächtige und bedeutende Menschen aus aller Welt, vom ehemaligen Präsidenten der Sowjetunion, Michail Gorbatschow, bis zur Musiklegende Paul McCartney, vom früheren UN-Generalsekretär Kofi Annan bis zum Bestsellerautor Paulo Coelho. Sie alle begannen, mich in meinem Kampf zu unterstützen, einige wurden zu Freunden.

Ich arbeitete bis an den Rand der Erschöpfung, aber ich machte es gern. Vielleicht war es auch das Gefühl, erstmals in meinem Leben etwas Bedeutendes, Wichtiges für andere tun zu können, das mich so lange durchhalten ließ.

Doch niemand konnte sehen, wie es in mir drinnen aussah. Ich sprach ja nicht allein über Schicksale anderer, ich erzählte auch von meinem eigenen Leben, was mir zugestoßen war. Ich öffnete vor aller Welt meine Seele.

Die Konfrontation mit meiner eigenen Vergangenheit traf mich mit einer Wucht, auf die ich nicht vorbereitet war und der ich mich auch schutzlos ausgeliefert sah. Ich stand da wie nackt vor einem Spiegel. Er zeigte eine Frau, die jahrelang eine Burg um sich gebaut hatte, um dann plötzlich feststellen zu müssen, dass das Mauerwerk zu bröckeln beginnt.

Es dauerte lange, bis ich mich wiedergefunden hatte. Als es mir elend ging, fragte ich mich oft, ob es denn richtig und sinnvoll gewesen war, die Pforte zur Vergangenheit zu öffnen. Heute weiß ich, dass diese Zeit wie ein reinigendes Gewitter für meine Seele war. Wenn man in der Wüste auf einen Geparden trifft, ist es wenig sinnvoll, davonzulaufen. Seine Beine sind schneller, irgendwann holt er dich ein. So ist es auch im Leben. Sich dem Schicksal nicht zu stellen heißt, es aus der Hand zu geben.

* * *

Liebe Mama,
ich habe einen Mann getroffen, der mir neue Kraft gab. Schicksale verbinden. Der Mann hat jahrelang einen aussichtslosen Kampf gegen einen übermächtigen Feind geführt. Er hat diesen Kampf schließlich gewonnen, weil er stets der Überzeugung war, das Richtige zu tun, auf der richtigen Seite zu stehen. Er hat Risiken in Kauf genommen, Entbehrungen ertragen und wurde dafür mit der höchsten Auszeichnung belohnt, welche die Menschheit zu vergeben hat: dem Friedensnobelpreis.

Ich war Ehrengast einer Gala der UNICEF in Düsseldorf in Deutschland. Seit einigen Jahren bin ich Ehrenbotschafterin von UNICEF, der Kinderhilfsorganisation der UNO, die auf der ganzen Welt viel Gutes für Kinder tut.
Am Vorabend der Gala traf ich einen Mann, der meine Stimmung aufhellte: Lech Walesa. Er war Führer der Solidarność in Polen, einer Gewerkschaftsbewegung, die Geschichte schrieb. Lech Walesa und seiner Bewegung ist es zu verdanken, dass heute Millionen Menschen in Frieden und Freiheit leben können. Als Führer seiner Gewerkschaft hat er sich eines Tages gegen die herrschenden Machthaber, die Kommunisten, aufgelehnt. Er wurde zunächst nicht ernst genommen, dann angefeindet, schließlich bedroht – aber immer mehr Menschen folgten seinem Beispiel. Erst Hunderte, dann Tausende. Schließlich wurden die Kommunisten in Polen zum Teufel gejagt und wenig später in einigen Nachbarländern ebenso. Ein einzelner Mensch hat das möglich gemacht.
Ich wurde Lech Walesa am Vortag der Gala vorgestellt. Wir waren uns sofort sympathisch und beschlossen, am nächsten Abend Tischnachbarn zu sein.
Lech Walesa erzählte mir, dass seine Frau und er meine Bücher gelesen haben. »Überall in Polen wissen die Menschen, was du geschrieben hast, Waris. Du bist bei uns sehr bekannt, fast wie ein Popstar. Mädchen, du hast eine Mission, und du wirst deine Ziele erreichen! Ich weiß, wovon ich spreche.«
Und dann erzählte mir dieser kraftvolle Mann seine Geschichte, die so unglaublich viel Mut macht. Auf den ersten Blick klang alles so einfach und logisch. Fast wie eine Erzählung aus dem Märchenbuch, mit einem Happy End. Heute denke ich: Was muss Lech Walesa für einen ungeheuren Willen und Lebensmut gehabt haben, um das alles durchzustehen.
»Als ich einst meinen Kampf als einfacher Elektriker und Gewerkschaftsmitglied in der Werft von Danzig begonnen habe,

wusste ich, dass ich damit das Ende der kommunistischen Diktatoren einleiten werde«, sagte er. »Man hat meine Familie bedroht und mich eingesperrt, aber ich war stärker, weil ich an meine Aufgabe geglaubt habe und wusste, dass mich Gott dabei unterstützt.«
Meine Wangen begannen zu glühen.
»In meinem Land sind Tausende von Menschen einfach verschwunden, von den kommunistischen Machthabern eingesperrt, gefoltert und umgebracht worden. Die freie Meinungsäußerung war verboten. Die Menschen lebten in Angst.«
Dann beugte sich Lech Walesa zu mir, fast so, wie es Kinder tun, wenn sie ein Geheimnis weitersagen wollen.
»Ich weiß, Waris, dass du mit deiner Mission, deinem persönlichen Kampf gegen Genitalverstümmelung erfolgreich sein wirst, dass du diesem schrecklichen Unrecht und dem Leid, das Millionen von Mädchen angetan wird, ein Ende setzen wirst. Du bist sehr stark, und du wirst deinen Kampf gewinnen! Wer sich berufen fühlt, gibt niemals auf und kann alles schaffen.«
Von diesem Augenblick an, Mama, waren alle Zweifel wie weggeblasen. Von da an war ich felsenfest überzeugt davon, dass mein Kampf gegen Genitalverstümmelung richtig und wichtig ist. Wann immer mich der Mut verlässt, denke ich seither an Lech Walesa, seinen Kampf und seinen Sieg. Das verleiht mir Flügel.

* * *

Im Kaffeehaus herrschte hektisches Treiben. Ich ergatterte nur durch Zufall einen winzigen Tisch in der Ecke, aber von hier aus hatte ich wenigstens einen guten Überblick. Ich liebe es, Menschen zu beobachten.

Die letzten warmen Sonnenstrahlen ermunterten die Ober, Tische und Stühle, die sie schon eingewintert hatten, noch einmal ins Freie zu tragen. Pausenlos strömten neue Gäste ins Kaffeehaus. Ich hörte das Klirren von Geschirr, die Geräusche von eifrigem Geschwätz, hier und da ein Fluchen, weil etwas im Wege stand.

Das also war jetzt meine neue Heimat. Kaffeehaustisch statt Wüstensand; Jahreszeiten statt Hitze das ganze Jahr über; Freiheit statt Sitten und Regeln; Frieden statt Bürgerkrieg; Verstand statt Bauchgefühl; Fortschritt statt Tradition; Europa statt Afrika. Werde ich mich hier jemals heimisch fühlen? Und wenn ja, wie lange? Ein Jahr? Ein Jahrzehnt? Mein Leben lang?

Heimat – wo ist das überhaupt für mich?

Somalia, wo ich herkomme?

London, wohin ich flüchtete?

New York, wo mein Sohn lebt?

Cardiff, wo ich zuletzt wohnte?

Wien, wo ich jetzt zu Hause bin?

Es sagt sich so leicht: »Ich bin überall zu Hause, die Welt ist meine Heimat.« In Wahrheit stimmt das nicht. Jeder Baum braucht Wurzeln.

Ich schloss kurz die Augen. Ein Gefühl der Heimatlosigkeit breitete sich in mir aus. Ich kämpfte mit den Tränen, biss mir auf die Lippen.

»Waris«, schalt ich mich, »eben noch warst du himmelhoch jauchzend, jetzt bist du zu Tode betrübt.«

Ich musste an den ehemaligen amerikanischen Präsidenten Bill Clinton denken. Ich traf ihn, als ich Ehrengast eines großen Kongresses in Prag war. Der tschechische Ministerpräsident Václav Havel, den ich früher schon kennenlernen durfte, hatte mich eingeladen. Wir aßen gemeinsam mit Bill Clinton zu

Abend. Ich erzählte von meiner Arbeit, und alle hörten aufmerksam zu. Jeder war überzeugt, dass man gegen Genitalverstümmelung mehr tun müsse. Bill Clinton machte dabei auf mich einen so ganz anderen Eindruck als viele Staatschefs, die ich sonst kennenlernen durfte. Er war unterhaltsam, witzig, zeigte echtes Interesse an Menschen und ihren Geschichten.

Nach dem Essen brachte man mich in mein Hotel. Ich war ziemlich aufgekratzt, immerhin isst man nicht jeden Abend mit dem amerikanischen Präsidenten. Doch das war es nicht, was mich hauptsächlich beschäftigte, sondern mir ging eine Frage, die mir an diesem Abend gestellt wurde, nicht aus dem Kopf:

»Wie sehen Sie sich eigentlich, Frau Dirie? Fühlen Sie sich als Amerikanerin, als Engländerin, als Österreicherin, als Afrikanerin, als Somalierin?«

Ich wich der Frage wie immer aus und antwortete schlagfertig: »Wissen Sie, ich bin Kosmopolitin. Ich bin überall zu Hause. Sie kennen doch sicher das Lied: ›Papa was a Rolling Stone, wherever he laid his hat was his home.‹«

Alle lachten, und ich lachte mit. Aber ich brauchte alle Kraft der Welt dazu, denn im Inneren war mir gar nicht fröhlich zumute.

»Wohin gehöre ich?«

»Wo möchte ich leben?«

»Wo ist mein Zuhause?«

In Wahrheit kann ich keine Antwort auf diese Fragen geben.

Ich bin eine Nomadin. Aber ich ziehe nicht aus freien Stücken durch die Welt.

* * *

Mama,

wenn ich in Europa oder den USA bin, träume ich davon, nach Afrika zurückzukehren und in Afrika zu leben. Ich sehne mich nach meiner Kindheit, nach den unendlichen Weiten der Wüste, dem klaren Sternenhimmel in der Nacht, den Farben und Gerüchen. Wenn ich allein in meinem Bett liege, dann habe ich manchmal das Gefühl, dass es mir mein Herz zerreißt vor lauter Heimweh.

Mama, aber wenn ich in Afrika bin, dann sehne ich mich wieder nach meinen europäischen Freunden, nach meinem Sohn Aleeke und dem Leben in Europa. So geht es mir auch jetzt. Ich bin und bleibe eine Nomadin.

Mama, wenn ich mir die Frage stelle, wo ich eigentlich zu Hause bin, dann fällt mir nichts ein, dann entsteht in mir eine große Leere, ein großes schwarzes Loch. So gern würde ich diese beiden Welten für mich miteinander verbinden, aber es gelingt mir nicht. Ich fühle mich oft heimatlos und entwurzelt.

Als ich mit meiner Kampagne gegen Genitalverstümmelung begann, da gab es viele afrikanische Frauen und Männer, die mir vorwarfen, unsere Tradition, unsere Kultur zu verraten. Das hat mich unglaublich getroffen, denn das ist das Letzte, was ich möchte. Ich will unsere Heimat nicht verraten! Ich will nicht als Verräterin gelten! Ich will, dass Afrika ein sicherer Platz für Kinder wird, dass Mädchen nicht mehr genital verstümmelt und seelisch traumatisiert werden. Sie sollen nicht erleiden, was ich erlitten habe.

Ich habe viel geweint in dieser Nacht in Prag, Mama. Ich konnte nicht mehr einschlafen, ich habe mit der Fernbedienung des Fernsehers gespielt, ich habe ständig zwischen allen Programmen hin und her geschaltet, um etwas zu finden, was mich ablenkt, mich abbringt von meinen düsteren Gedanken. Dann habe ich mich an den Schreibtisch gesetzt und versucht, meine Gefühle in Worte zu fassen, aber dann doch nur irgendwelche sinnlosen Zeilen gekritzelt. Ich stand am Fenster und schaute auf das Lichtermeer der Stadt. Ich wünschte mir, dass ganz schnell der Tag anbricht, die Sonne aufgeht. Ich habe mich wie der einsamste Mensch auf diesem Planeten gefühlt.

* * *

Ich wollte eben einen Schluck Tee nehmen, als plötzlich mein Mobiltelefon läutete. Ich war so in Gedanken vertieft, dass ich erst das zweite oder dritte Läuten hörte. Als ich dann rasch zum Hörer griff, spürte ich alle Blicke auf mich gerichtet, und es lief mir kalt den Rücken runter. Ich drückte die grüne Empfangstaste und meldete mich mit einem schnellen »Waris Dirie«.

Zunächst hörte ich am anderen Ende der Leitung nur ein Knistern und Knacken, dann vernahm ich eine Stimme, die seltsam blechern klang. Ich brauchte eine Zeitlang, um zu begreifen, wen ich am Apparat hatte. Es war Mohammed, mein Bruder.

»Mama ist sehr krank«, sagte er in einem seltsamen Tonfall. »Sie hat starke Schmerzen. Keiner kann ihr helfen.«

Ich benötigte einen Augenblick, um zu verstehen, wie ernst es Mohammed meinte. Schmerzen, Leiden und Tod – für uns Somalis ist es nichts Außergewöhnliches, darüber zu reden. Aber wenn es die eigene Mutter trifft?

Mohammed lebt mit seiner Familie in Großbritannien. Wir sehen und hören uns nur sehr selten. Dann aber ist der Tod ein allgegenwärtiges Thema. Gespräche über die Heimat, über unsere Familie führen unweigerlich dazu, dass wir uns auch über das Sterben unterhalten. Erst vor wenigen Monaten hatte er mir erzählt, dass der Junge, mit dem wir früher immer am Wasserloch gespielt hatten, von einer verirrten Kugel getroffen worden und ein Freund unseres Clans in Somalia an Aids gestorben war.

Tod und Afrika – das scheint eine Art Schicksalsgemeinschaft zu sein.

Mit einem Schlag aber war jetzt alles anders. Mutter war krank.

Als mich Mohammed anrief, fiel mir sofort die Geschichte vom Baum und vom Mond ein, die uns Mutter erzählt hatte, als wir klein waren. Sie sagte: »Wir Somalis glauben, dass es auf dem Mond einen Baum des Lebens gibt. Fällt dein Blatt von diesem Baum, gehst du zu Allah in den paradiesischen Garten.«

Ich wollte nicht, dass dein Blatt vom Baum fällt. Damals nicht. Jetzt nicht. Noch lange nicht.

Mohammed ist ein kräftiger Bursche. Vor meinem geistigen Auge tauchte ein Bild von ihm auf. Er ist über einen Meter neunzig groß, hat pechschwarze Haare und ein kantiges Gesicht mit sehr entschlossenen Augen. Er flößt jedem Respekt ein, der ihn trifft. Aber niemand ahnt, wie es in diesem wuchtigen Menschen aussieht, welches Martyrium er hinter sich hat. Es ist jetzt zwölf Jahre her, dass er dem somalischen Bürgerkrieg entfliehen konnte. Die Narben, die der Krieg ihm geschlagen hat, trägt er bis heute – am Körper und in der Seele. Mohammed war Gefangener. Wochenlang wurde er in Ketten gelegt und gefoltert. Noch heute sieht man die Abdrücke der Kettenglieder an seinen Armen und Beinen. Er spricht nie darüber.

Mohammeds nächster Satz schnitt meine Gedanken ab. Ein anklagender Ton lag in seiner Stimme. »*Nihyea*, Frau. Du musst sie nach Europa bringen. Mama muss operiert werden. Sie schreit den ganzen Tag vor Schmerzen. Es ist ihr Bauch.«

Typisch für meinen Bruder. Jeder Satz eine Anklage. Ich begann, mich zu ärgern. Als ob ich schuld daran wäre, dass meine Mutter schwerkrank war. Auch wenn ich meine Familie sehr selten sehe, kümmere ich mich doch um alle, helfe, wo ich kann, gebe Geld. Ich habe meiner Mutter daheim in Somalia ein kleines Haus bauen lassen. Wann immer sie etwas braucht, sorge ich dafür, dass sie es bekommt.

In Afrika erwartet die Familie von jedem, der die Heimat verlässt, um sein Glück im Ausland zu versuchen, dass er Geld schickt. Wer es in der Fremde zu etwas bringt, der muss mit seinen Brüdern und Schwestern daheim teilen. Ich weiß das, und ich versuche, dieser Tradition gerecht zu werden. Ich schaffe es nicht immer.

Mohammed lebt mit seiner zweiten Frau in Manchester und genießt noch immer Flüchtlingsstatus. Er ist mein Bruder, ich liebe ihn, deshalb teile ich auch.

Meine Antwort fiel knapp aus: »Ich werde sie holen lassen.« Ich hatte den Eindruck, dass Mohammed noch weiter mit mir sprechen wollte, aber meine Gedanken waren schon meilenweit entfernt. Ich war zu aufgewühlt. Ich dachte an Mama.

Jetzt saß ich da mit meinem Mobiltelefon in der Hand, am Kaffeehaustisch mit dem blütenweißen Tischtuch, und starrte aus dem Fenster. Ein paar Wolken waren aufgezogen, der Wind wehte lose Seiten einer Zeitung durch die Straße.

»Wien ist eine wundersame, lebendige Stadt«, dachte ich. »Es wird hier nur zu schnell kalt. Viel zu kalt.«

* * *

*Liebe Mama,
weißt du noch, wie lange es her ist, dass wir uns vor deinem Aufenthalt in Wien das letzte Mal gesehen haben? Es liegt zehn Jahre zurück. Damals lebte ich noch in New York und brach Hals über Kopf mit meinem Sohn Aleeke und meinem Bruder Mohammed auf, um dich daheim in Somalia zu besuchen. Ich habe ein Buch über diese aufwühlende Reise geschrieben: Nomadentochter.
Ich wollte dir damals erklären, wie es mir in meinem Leben ergangen ist, was mir wichtig ist. Ich wollte meine Sorgen und meine Freuden mit dir teilen, und ich wollte, dass du auch etwas stolz bist auf deine Tochter aus der Wüste, deren Leben sich in so märchenhafter Weise entwickelt hat.
Ich habe dir so viel zu sagen.
Tatsächlich, liebe Mama, klingt es wie eine Geschichte aus einem Märchenbuch, was mir widerfahren ist. Das kleine Nomadenmädchen, das von daheim wegläuft, weil es nicht mit einem alten Mann zwangsverheiratet werden will. Der lange, einsame Marsch durch die Wüste, die Begegnung mit einem hungrigen Löwen, der sie wie durch ein Wunder verschont. Die Ankunft in der Hauptstadt Mogadischu, danach der abenteuerliche Weg zum Onkel nach London, der dort als somalischer Botschafter lebt und arbeitet.
Waris, die Wüstenblume, die in der fremden Stadt als Dienerin bei ihren eigenen Verwandten zu arbeiten beginnt. Die Schwester ihrer Mutter behandelt sie stiefmütterlich. Trotzdem lernt sie nebenbei Lesen und Schreiben. Dann wird sie von einem Fotografen entdeckt und lässt sich eher widerwillig zu ersten Aufnahmen überreden. Und tatsächlich – beinahe über Nacht wird sie zum Star. Ihr Gesicht ziert die führenden Modemagazine dieser Welt. Deine Waris, deine kleine Tochter, macht als Supermodel Karriere, sie arbeitet zusammen mit den schönsten Frauen der Welt. Für dich*

mag es seltsam klingen, aber man verdient außerhalb Afrikas eine Menge Geld, wenn man sich in schönen Kleidern fotografieren lässt und auf einer Bühne auf und ab stolziert. Aber das ist nicht die wahre Geschichte deiner Waris, nur ein Schlaglicht auf ihr Leben. Das Bad in der Menge, die Blitzlichter haben mich immer mehr erschreckt als fasziniert. Das dabei verdiente Geld half mir, unabhängig zu werden. Aber bei der ersten Gelegenheit machte ich Schluss mit dem grellen, oberflächlichen Schaugeschäft. Ich wollte nicht mehr die Anziehpuppe sein, Lächeln auf Knopfdruck, ein paar sonnige Jahre, dann ab auf die Ersatzbank und her mit dem frischen Gesicht aus Afrika. Ein neuer Farbtupfer in der Menge der Laufsteg-Bleichgesichter. Mir schwebte für mein Leben etwas anderes vor, etwas Erfüllendes. Und wieder schickte mich das Schicksal mit einer neuen Aufgabe auf die Reise: gegen Genitalverstümmelung zu kämpfen.

Ich würde alles Geld der Welt dafür geben, wenn ich dir begreiflich machen könnte, wie wichtig es ist, gegen Genitalverstümmelung anzutreten, Mama. Keine Religion und keine Politik schreibt vor, dass man seine Töchter diesem grausamen Ritual unterziehen muss. Aber es geschieht. In Afrika, in Europa, in Asien, in Australien und in den USA, überall auf der Welt. Jeden Tag.

Dass ich als erste afrikanische Frau das Schweigen brach, um über das Tabu offen zu sprechen, hat meinem Leben eine neue Richtung gegeben. Ich nutzte meine Bekanntheit als Model für den Kampf gegen dieses grausame Verbrechen, das mir und Millionen anderen muslimischen Frauen schon im Kindesalter angetan wurde. Ich wollte kein Opfer mehr sein, ich wollte, dass auch kein anderes Mädchen mehr zum Opfer wird.

Es war nicht leicht, den Mund aufzumachen, und ist es bis heute nicht. Aber erinnert dich diese Entschlossenheit, diese

Dickköpfigkeit nicht an die kleine Waris, dein Mädchen? Tausende Frauen haben mir geschrieben, wie sehr sie unter ihrer Verstümmelung gelitten haben und auch heute noch leiden. Vielleicht findest du einmal die Kraft, mir zuzuhören. Ich würde dir die Schilderungen der Mädchen gerne vorlesen. Dieses unendliche Leid.
Man kann seine Ohren und Augen nicht für immer verschließen.
Das Thema Genitalverstümmelung liegt wie ein tiefer, unüberbrückbarer Abgrund zwischen uns. Als ich versuchte, dir zu erklären, warum ich Vorträge halte, Bücher schreibe und eine Stiftung gegründet habe, hast du die Hände über dem Kopf zusammengeschlagen. »Es ist unsere Tradition!«, hast du geschrien. »Lass uns nicht weiter darüber sprechen.«
Mama, dieser Satz hat mich wie ein Schwerthieb getroffen und unsagbar verletzt.
Du hast nie verstanden, warum ich mich durch meine Dickköpfigkeit immer wieder in Schwierigkeiten brachte. Schon als kleines Kind hast du mich dafür gescholten.
»Waris, bedecke deine Beine, das ist schamlos, wie du herumläufst.« Das waren deine Worte, wenn ich wieder einmal die dirah, *das bodenlange traditionelle somalische Gewand, hochgebunden hatte, um mehr Bewegungsfreiheit beim Laufen zu haben.*
Den Kamelen bindet man in Somalia die Vorderbeine zusammen, damit sie nicht zu weit weglaufen. Bei den Frauen macht man das mit Gewändern statt mit Seilen.

* * *

»Herr Ober, ich möchte zahlen!«

Plötzlich hatte ich es sehr eilig, nach Hause zu kommen. Ich lief aus dem Kaffeehaus auf die Straße. Der Weg zu meiner Wohnung kam mir plötzlich unendlich lang vor. Ich nahm keine Notiz mehr von den Bäumen und den Eichhörnchen und dem bunten Laub in den Parks.

Nachdem die Wohnungstür ins Schloss gefallen war, machte ich mich sofort auf die Suche nach Fotos von meiner Mutter. Ich wollte ihr nahe sein, und wenn auch nur über eine Fotografie.

Eine seltsame Rastlosigkeit hatte mich erfasst. Ich konnte keine Sekunde still sitzen. Ich begann, in der Wohnung auf und ab zu laufen, so wie man es bei Raubtieren manchmal in den Zoos sieht. In den nächsten paar Stunden sortierte ich Briefe, räumte auf, stapelte das Geschirr neu, ordnete meine Kleider, wischte Staub, so als würde Mutter in der nächsten Minute durch die Tür treten und prüfen, ob ich eine gute Hausfrau geworden wäre.

Erst nachdem ich langsam müde geworden war, fiel mir auf, wie absurd ich mich verhielt. Ich setzte mich auf den Boden und versuchte, zur Ruhe zu kommen, meine Gefühle zu ordnen. Ich sagte laut zu mir: »Waris, du musst dich beruhigen! Du musst wieder klar denken! Du musst stark sein!«

Der Anruf von Mohammed hatte mich mehr aufgewühlt als erwartet. Die Aussicht, wieder mit Mutter zusammenzutreffen – so beglückend sie auch erschien –, machte mir auch Angst. Seit Jahren sehnte ich mich danach, mich endlich mit meiner Mutter aussprechen zu können. Jetzt gab mir das Schicksal plötzlich Gelegenheit dazu. Ich war fest entschlossen, die Chance zu nutzen. »Dieses Mal, dieses eine Mal wird sie mir zuhören«, sagte ich mir.

Dann erfasste mich plötzlich Ratlosigkeit. Ich wusste nicht, was ich als Nächstes tun sollte. Ich ging unter in einem Meer von Fragen. »Wie beschaffe ich Einreisepapiere für meine Mutter? Wie bringe ich sie von Somalia nach Österreich? Wie finde ich Ärzte, die ihr helfen können?«

Als ich noch in Gedanken war, läutete das Telefon.

KAPITEL 2

Mama, ich hole dich

Sechste Reihe, Sitz A, Fensterplatz. Ich lehnte mich an die Plastikverschalung des Flugzeuges und zuckte im selben Augenblick zusammen: Wie kalt sich das doch anfühlte. Ich ließ mich wieder in meinen Sessel zurückfallen.

Vor knapp einer Viertelstunde waren wir in Wien-Schwechat gestartet. Noch am Boden hatte der Pilot in zwei Sprachen unverständliches Zeug gebrabbelt. Ich erkannte Wortfetzen wie »Flugzeit« und »Route«, aber ich hatte kein sonderliches Interesse an den Informationen, und deshalb kümmerte ich mich nicht weiter darum.

Nach dem Start flogen wir erst eine Kurve, gewannen schnell an Höhe, durchbohrten ein paar Wolken; nach einiger Zeit legte sich die Maschine waagrecht. Die Reiseflughöhe war erreicht. Jetzt ging es Richtung Abu Dhabi, knapp acht Stunden lang. Dort sollte ich meine Mutter treffen.

Über meinem Sitz machte es plötzlich »pling«, und das Anschnallzeichen erlöschte. Wie von einem geheimen Kommandozeichen gesteuert, erhoben sich im selben Augenblick alle Stewardessen von ihren Sitzen. Die Szene erinnerte an den Start eines Hundertmeterlaufs, und ich musste lachen.

Ich blickte wieder aus dem Fenster. Unter mir lag Österreich in herbstlichem Orange. Ein schachbrettartiges Muster aus Feldern, Seen und Wäldern breitete sich vor meinen Augen aus. »Meine Heimat« – werde ich das je so sagen können?

Ich ließ die letzten Tage noch einmal Revue passieren, dachte an die vielen Dinge, die für diese Reise zu erledigen waren. Mir fiel Mohammeds Anruf wieder ein, der alles ins Rollen gebracht hatte. Ich erinnerte mich an meine Rastlosigkeit, die sich zunächst einstellte, daran, wie ich in der Wohnung auf und ab gelaufen war und erst nach Stunden wieder ruhiger wurde, wie sich der lähmende Schock über Mutters Erkrankung langsam verflüchtigte und die Gedanken wieder in Ordnung kamen. Ich begann Vorbereitungen zu treffen, um meine Mutter nach Wien zu bringen. Ich war überzeugt davon, dass ihr die Ärzte hier helfen können.

Dann läutete das Telefon. Walter war dran. Er ist seit einigen Jahren mein Manager und leitet gemeinsam mit Joanna – sie ist Vizepräsidentin – meine Stiftung. Genau genommen machen Walter und Joanna mehr, als bloß meine Arbeit und mein Leben zu managen. Sie sind längst Freunde, eigentlich meine zweite Familie. Ich ertappe mich oft dabei, wie ich zu Walter »Papa« sage, obwohl er ganz anders aussieht als mein richtiger Vater, der dürr und riesenhaft war. Walter dagegen ist von mittlerer Statur, seine grauen Wuschelhaare stehen in alle Himmelsrichtungen. Er hat lustige, blitzende Augen wie ein Komödiant aus dem Fernsehen und ist nur schwer aus der Ruhe zu bringen.

Ich erzählte Walter und Joanna vom Anruf und was mein Bruder Mohammed mir berichtet hatte. Walter hörte mir aufmerksam zu. Er merkte, wie aufgewühlt ich war und dass es wenig sinnvoll war, viele Fragen zu stellen, geschweige denn sich sofort an die Organisation der Reise zu machen.

»Okay, wir holen deine Mutter«, sagte er schließlich.

»Okay, ich hole meine Mutter«, antwortete ich trotzig.

»Lass uns morgen darüber reden«, erwiderte Walter. »Schlaf eine Nacht darüber. Wir treffen uns am Vormittag im Büro.«

Nachdem ich aufgelegt hatte, spürte ich, wie langsam Ärger in mir hochkroch. Meine Mutter hatte mich um Hilfe gebeten, und nichts in der Welt könnte mich jetzt aufhalten. »Ich hole sie raus aus Afrika.«

Natürlich war mir klar, dass die Einreise nach Somalia für mich gefährlich ist. Schon oft habe ich von religiösen Fanatikern, die sich selbst fälschlich gläubige Moslems nennen, Drohungen erhalten. Per E-Mail, per Brief, per Telefon. Man gewöhnt sich an die Bedrohung. Nein, das stimmt nicht, man gewöhnt sich nie daran, aber man lernt, damit zu leben.

Dennoch war ich fest entschlossen, zu meiner Mutter zu fliegen. Es lag Jahre zurück, dass ich in der Nähe meiner Heimat war. Damals traf ich meine Mutter in Galadi, einem Flüchtlingslager nahe der somalischen Grenze. Es gibt Fotos von dieser Begegnung. Ich umarme meine Mutter herzlich, doch sie schaut auf allen Bildern ziemlich finster drein. Für sie war es sicherlich schwer, ihre Tochter vor aller Augen an sich zu drücken. Sie ist die vielen Blitzlichter nicht so gewohnt wie ich.

Mutter und Tochter vereint in Afrika. Mit diesem Bild vor Augen schlief ich zufrieden ein.

»Wie bringe ich Mutter raus aus Somalia?«

Ich saß in Walters Büro. Es liegt in einem riesigen Glasgebäude im Herzen von Wien, unzählige Stockwerke hoch. Hier ist auch der Hauptsitz meiner Stiftung. Walter hat ein kleines Zimmer gemietet. An diesem Vormittag saß er da wie immer, hatte das Mobiltelefon in der Hand und telefonierte mit Gott und der Welt.

Im ersten Augenblick dachte ich, er hätte mir gar nicht zugehört, doch dann kam seine Antwort wie aus der Pistole geschossen.

»Wie man deine Mutter aus Somalia rausbringt? Zerbrich dir darüber nicht den Kopf.«

Ich sah ihn verständnislos an.

»Waris, du weißt doch. Du kannst nicht nach Somalia. Es ist zu gefährlich für dich.«

Walter hatte recht, das musste ich mir jetzt eingestehen. Ich hatte in vielen Interviews und auch auf Konferenzen sehr offen über Probleme gesprochen. Ich hatte den Finger auf Wunden gelegt und nicht allein angeprangert, dass in Somalia nach wie vor Genitalverstümmelungen durchgeführt werden. Nein, ich hatte auch falsch verstandene religiöse Sitten kritisiert und die Art der Afrikaner, immer nur auf Hilfe aus dem Westen zu warten und nicht selbstbewusst das Schicksal in die eigene Hand zu nehmen. Damit bin ich vielen auf die Zehen getreten.

»Okay«, sagte ich zu Walter. »Dann lass mich meiner Mutter wenigstens entgegenfliegen. Bitte kümmere dich darum, dass sie aus Somalia rauskann und ein Einreisevisum für Österreich erhält. Ich hole sie in Abu Dhabi ab. Dann bringe ich sie nach Wien zum Arzt, und alles wird gut.«

Als ich das Büro verließ, war ich sehr aufgeregt. Nach so vielen Jahren stand ich kurz davor, meine Mutter wiederzusehen.

Ich ging durch die Vorstadt nach Hause. Die Temperaturen waren wieder etwas erträglicher geworden, die Sonne schien – selten genug in dieser Jahreszeit. Ich beschloss, einen Umweg zu nehmen, machte kehrt und spazierte eine Zeitlang die Donau entlang. Flache, rostige, lange Transportschiffe lagen vor Anker. Ein Mann an Deck eines solchen Schiffes kochte gerade sein Mittagessen und hatte wegen des schönen Wetters die Tür zur Kombüse offen gelassen. Das Schiff musste, der

Flagge nach zu urteilen, direkt vom Schwarzen Meer gekommen sein. »Eine lange Reise«, dachte ich. Die stand mir jetzt auch bevor.

Die Reisevorbereitungen gestalteten sich mühevoll, vor allem für Walter und Joanna. Ich habe nie verstanden, warum Menschen es anderen Menschen so schwer machen, zueinander reisen zu können. Walter und Joanna mussten unzählige Dokumente besorgen. Das betraf nicht allein meine Mutter, sondern leider auch mich. Denn so unglaublich es auch klingen mag: Zu dem Zeitpunkt, als mich Mohammed anrief, hatte ich noch keinen Reisepass. Kein Dokument, das es mir erlaubte, ohne Visum von einem Land zum anderen zu reisen.

Obwohl ich seit mehr als fünfundzwanzig Jahren in Europa und den USA lebte, wurde ich immer noch behandelt wie ein somalischer Flüchtling.

Ich fand das immer entwürdigend. Denn ich war damals schon seit Jahren nicht allein UN-Botschafterin, sondern Botschafterin vieler großer internationaler Vereinigungen. Trotzdem benötigte ich für jedes Land, für jede Veranstaltung, für jede Einladung ein eigenes Visum. Das war demütigend und absurd. Die UN-Botschafterin Waris Dirie wurde überallhin auf der Welt eingeladen – aber wie sie dorthin kam, das interessierte niemanden. Keine Organisation und kein Politiker waren in der Lage, mir ein Dokument auszustellen, mit dem ich mich frei bewegen konnte.

Einmal traf ich in Wien Madeleine Albright, die ehemalige Außenministerin der Vereinigten Staaten und immer noch eine einflussreiche Persönlichkeit. Sie stellte in Wien ihre Memoiren vor. Als sie mich sah, umarmte sie mich vor unzähligen Kameras und rief ins Publikum: »Das ist Waris Dirie. Sie hat Bücher geschrieben, die viel wichtiger sind als mein Buch.«

Aber auch sie konnte mir nicht zu einem Reisepass verhelfen.

Das ist jetzt alles Schnee von gestern. Kurz bevor ich nach Abu Dhabi abreiste, erhielt ich meinen Reisepass. Nach so vielen Jahren – endlich. Österreich hat mir die Staatsbürgerschaft verliehen, und ich kann ab sofort voller Stolz überall meinen EU-Reisepass herzeigen. Ich bin kein Flüchtling mehr.

Der Mann, der das möglich machte, heißt Dr. Erwin Pröll und ist Landeshauptmann von Niederösterreich, dem größten Bundesland Österreichs. Wenn ich daran denke, wie vielen Menschen ich auf meinen Vortragsreisen immer wieder begegnet bin – mächtigen Leuten, aber keiner konnte oder wollte einen Finger krumm machen. Der UN-Generalsekretär, Staatschefs, Außenminister, sie alle bestätigten mir die Wichtigkeit meiner Arbeit, verliehen mir Preise. Wenn ich aber in eigener Sache um Unterstützung bat …

Die Ausstellung des Visums für meine Mutter ging dagegen zügig voran, weil wir vom österreichischen Innenministerium Unterstützung bekamen. Die Beamten setzten sich mit der österreichischen Botschaft in Abu Dhabi in Verbindung und halfen uns bei allen Behördengängen.

Doch langsam bekam ich Angst vor der großen Aufgabe. Ich fürchtete, dass etwas beim Transport meiner Mutter aus Somalia schiefgehen könnte. Ich wusste wenig darüber, woran Mutter denn nun eigentlich erkrankt war. Im tiefsten Inneren fürchtete ich mich aber vor etwas anderem am meisten: vor dem Zusammentreffen mit Mutter nach so vielen Jahren. Würden wir diesmal einen Draht zueinander finden?

Mein Bruder Mohammed rief noch einmal an und bestärkte mich in meinen Absichten.

»Waris, es ist tatsächlich zu gefährlich, wenn du Mama selber aus Somalia holst. Hör auf mich, hör einmal in deinem Leben auf mich!«

Ich stimmte zu, denn ich hatte mich bereits dazu entschlossen, Mama in den Arabischen Emiraten abzuholen.

In den nächsten Tagen organisierten wir den Transport meiner Mutter. Freunde und Verwandte halfen uns dabei. Meine Schwester Fartun lebt in der Nähe des Flughafens in Abu Dhabi. Sie und ein Freund Mohammeds sollten alles managen. Sie entschieden, meine Mutter mit einem kleinen Flugzeug aus Galkayo holen und nach Mogadischu bringen zu lassen. Als ich das Geld dafür vorab überwiesen hatte, war alles perfekt.

In Mogadischu sollte meine Mutter von Xasan empfangen werden, einem mir damals noch unbekannten Cousin. Er sollte meine Mutter an Bord einer Linienmaschine aus Somalia rausbringen. In Abu Dhabi könnte ich sie dann endlich in die Arme schließen.

Die Telefongespräche mit meinem Bruder vermittelten mir den Eindruck, als wüsste alle Welt Bescheid. Jeder im Dorf, in dem ich für meine Mutter ein kleines Haus hatte bauen lassen, war über die Details im Bilde, lange bevor ich vom Flughafen Wien in Richtung Abu Dhabi abhob.

»Waris kommt und wird ihre Mutter nach Europa bringen, wo ihr die weißen Ärzte helfen werden.« Solche Nachrichten verbreiten sich in der Wüste wie ein Lauffeuer.

Nach knapp acht Stunden Flug war ich am Ziel. Das Schaukeln des Flugzeuges und die monotonen Motorengeräusche hatten mich eindösen lassen. Jetzt weckte mich die Stimme des Piloten eher unsanft und kündigte die bevorstehende Landung an. Er gab noch rasch Auskunft über das Wetter, und wenig später landete die Maschine auf dem International Airport Abu Dhabi. Ich hatte wenig Gepäck dabei und war schnell in der Ankunftshalle, wo mich Freunde Mohammeds in Empfang nahmen: Ein Mann und eine Frau, offensichtlich ein

Ehepaar, hielten ein Schild hoch, auf dem in großen Lettern »Waris« stand, dazu hatten sie eine Wüstenblume gezeichnet. Über diese Begrüßung freute ich mich besonders.

Ich hatte ja keine guten Erinnerungen an diesen Flughafen. Mehrere Male wurde ich hier von den Behörden abgewiesen, durfte nicht einreisen, um meine Schwester zu sehen. Einmal flog ich sogar extra zurück nach New York, um mir ein Visum zu besorgen, und dennoch durfte ich danach nicht ins Land.

Diesmal zeigte ich einfach meinen österreichischen Pass, und alles lief problemlos.

Das liebenswerte Paar, das mich in Empfang nahm – sie eine lebensfrohe Mutter von vier Kindern, er ein unscheinbarer Mann mit Oberlippenbart, weißem Hemd und dicker Brille –, war sehr herzlich, und ich wusste sofort, dass ich mich auf die beiden verlassen konnte. Wie ich später erfuhr, hatte Dirhan, der Kopf der Familie, meinen Bruder in den Bürgerkriegswirren kennengelernt. Sie waren so etwas wie Zellengenossen.

Dirhan allerdings wollte nie nach Europa. Er fand Arbeit in den Arabischen Emiraten, wo er in einem der vielen noblen Hotels in der Wäscherei unterkam. Ungewöhnlich für einen Muslim, dass er sich mit Frauenarbeit begnügte. Aber mittlerweile hat er sich bis zum Abteilungsleiter hochgearbeitet. Daher kam wohl auch seine Vorliebe für weiße Hemden.

»Die Arbeit ist das Wichtigste, damit die Familie zu essen und zu trinken hat. Erst dann kommen die Glaubensvorschriften der Imame«, sagte er.

Ich sah ihn erstaunt an. Solche Worte hört man selten von einem Muslim.

Der Flughafen der Hauptstadt der Arabischen Emirate liegt etwa dreißig Kilometer außerhalb der Stadt auf dem Festland, direkt an der Autobahn zwischen Abu Dhabi und Dubai. Als wir das klimatisierte Flughafengebäude verließen, traf mich die Hitze wie ein Keulenschlag. Ich hatte vergessen, dass es in den Emiraten auch im November noch an die dreißig Grad Celsius warm sein kann. Ich kletterte rasch in Dirhans Wagen und freute mich, in dem Auto eine Klimaanlage zu entdecken.

Wir fuhren gemächlich auf der vierspurigen Autobahn Richtung Stadtzentrum. Ich war wieder hellwach und sah aus dem Fenster. Ich wunderte mich über die vielen Dattelpalmen und Sträucher, die alles in Grün tauchten. Woher kamen nur die unglaublichen Mengen an Wasser, die man zum Gießen brauchte?

»Entsalzungsanlagen, die aus dem Meerwasser Trinkwasser machen«, erklärte mir Dirhan. Das Emirat ist mit Ausnahme der Städte, die auf einem schmalen Streifen Festland errichtet sind, Wüste. »Die Zahl der Entsalzungsanlagen ist in den letzten Jahren explodiert. Das kann aber nicht ewig so weitergehen, weil bei der Entsalzung Salzfrachten entstehen, die zurück ins Meer gelangen und die Konzentration erhöhen. Zusammen mit der globalen Erwärmung und einer entsprechenden Verdunstung könnte die Salzkonzentration im Persischen Golf im nächsten Jahrzehnt dramatisch zunehmen – und eine Trinkwassergewinnung wäre nicht mehr möglich. Davor fürchten sich alle.«

Als Ausländer fällt man hier nicht weiter auf. Achtzig Prozent der Einwohner kommen von überall her, um mitzunaschen am großen Geldkuchen. Die Vereinigten Arabischen Emirate besitzen riesige Schätze an Gas und Erdöl. Afrikaner sind als Arbeiter hier willkommen, als Menschen schlägt ihnen aber auch hier sehr viel Misstrauen entgegen.

Dirhan brachte mich zu meiner Schwester Fartun. Wir begrüßten uns herzlich und begannen sofort, über unsere Mutter zu sprechen.

»Wie geht es ihr? Was genau fehlt ihr? Wo ist sie jetzt?« Die Fragen sprudelten nur so aus mir heraus.

Fartun machte ein besorgtes Gesicht.

»Ich weiß nur, dass sie starke Schmerzen hat. Im Bauch. Niemand scheint ihr helfen zu können. Sie kann nur noch liegen, kaum mehr essen. Ich mache mir große Sorgen.«

»Wir holen sie raus aus Somalia, dann bringe ich sie zu einem guten Arzt in Wien. Es wird alles gut.«

Wir umarmten uns. Und weinten.

Nachdem wir uns zu einer Tasse Tee zusammengesetzt hatten, trat ein Mann ein, der mir als mein Cousin Xasan vorgestellt wurde. Ein sympathischer, hochaufgeschossener, schlanker Somali, der vielleicht fünfundzwanzig Jahre alt war. Er sprach kein Wort, nickte nur, als sich Dirhan, der Freund und Leidensgefährte meines Bruders aus dem Bürgerkrieg, zu mir wandte.

»Xasan wird deine Mutter aus Somalia holen. Er kennt sich dort aus.«

In Dirhans Stimme lag viel Wärme. Ich hatte schon zuvor am Flughafen das Gefühl, ihm vertrauen zu können.

»Somalia ist noch immer ein gefährliches Land ohne Gesetz und ohne Regierung. Aber es hat sich doch viel verändert«, sagte Dirhan.

»Was zum Beispiel?«, wollte ich wissen.

»Hast du im Kino *Black Hawk Down* gesehen?«

Ich hatte von dem Film gehört. Es ging um eine blutige Häuserschlacht mitten im Zentrum von Mogadischu, so viel wusste ich. Somalische Guerillakämpfer hatten im Jahr 1993 den US-amerikanischen Soldaten einen unfassbar brutalen Kampf mit Hunderten von Toten geliefert. Die Bilder zweier nackter US-Soldaten, die durch Mogadischu geschleift wurden, gingen damals um die ganze Welt. Die Aufnahmen brachten erst die USA und nur wenig später auch die UNO von ihrem Ziel ab, in Somalia einen Staat nach westlichem Vorbild zu errichten. Die US- und Blauhelm-Truppen zogen ab, die Warlords übernahmen die Macht. Der Bürgerkrieg ging weiter.

»Ich sehe mir prinzipiell keine Kriegsfilme an, besonders nicht, wenn es um meine Heimat geht«, antwortete ich angewidert.

»So ist es schon längst nicht mehr«, fuhr Dirhan unbeeindruckt von meinen Worten fort. »Das Bild von Stahlgewittern und blutverschmierten Guerillakämpfern existiert nur im Film. Nicht, dass es diese grausigen Ereignisse niemals gegeben hätte. Aber jetzt leben die Menschen in Mogadischu relativ normal.«

»Wie meinst du das?«, unterbrach ich ihn.

»Nun, in Mogadischu blüht der Handel. Es gibt Internetcafés und Handygeschäfte, sogar eine Coca-Cola-Fabrik, es gibt Elektrizitätswerke, mehrere Fernsehsender und Radiostationen und Mobilfunkbetreiber. Es gibt Hunderte Schulen, an denen die jungen Männer in Englisch, Mathematik und am Computer unterrichtet werden. Es gibt sogar ein paar Mädchenschulen.«

Dirhan sah mein ungläubiges Staunen und versuchte zu erklären: »Es ist unglaublich, aber fast jeder in Mogadischu hat schon ein eigenes Handy.«

»Aber ich höre doch immer wieder von Hungersnöten in Somalia. Und du behauptest jetzt, dass jeder Somali ein Handy hat?«

Für meinen Einwand erntete ich heftiges Kopfschütteln.

»Ich spreche von Mogadischu, dort gibt es keine Hungersnot, keine Lebensmittelengpässe – trotz der Dürre im Land. Es gibt dort Hungersnöte, wo sich die Bauern und Nomaden auf die Lieferungen westlicher Hilfsgüter verlassen. Weil sie gelernt haben, dass sich die mühsame Bewirtschaftung ihrer

Felder und die Viehhaltung nicht lohnen. Sie gehen lieber dorthin, wo Nahrungsmittel verteilt werden.«

Ich konnte diese Worte kaum fassen. Das war genau das, was ich immer sagte. »Werft meinen afrikanischen Landsleuten keine Reissäcke auf den Kopf, sondern helft ihnen dabei, selbst wieder auf die Beine zu kommen. Afrika braucht einen neuen Geist. Afrika muss lernen, sich selbst zu versorgen.«

»Seit Jahrtausenden wissen wir, wie man sich auf Trockenperioden vorbereitet, wie man Vorräte anlegt. Und dort, wo sie mit ihren Hilfsgütern aus Sicherheitsgründen nicht hinkommen, weil die Warlordtruppen die Transporte überfallen und beschlagnahmen, dort funktioniert diese Selbstversorgung noch«, setzte Dirhan fort. »Härter als die Dürre hat Somalia aber der Tsunami getroffen, der mehrere Hundert Tote gefordert hat. Und die internationale Müllmafia, die ihr hochgiftiges Zeug einfach vor der Küste Somalias ablädt.«

Wir unterhielten uns mehrere Stunden lang. Ich stellte viele Fragen, und Dirhan antwortete, so gut er konnte. Dann wurde ich müde. Ich ging früh zu Bett, aber ich machte lange Zeit kein Auge zu.

Morgen würde Xasan die lange Reise antreten und meine Mutter zu mir bringen.

Die Aussicht auf ein Wiedersehen machte mich glücklich. Gleichzeitig hatte ich Angst, unendlich viel Angst.

* * *

In der ersten Nacht in Abu Dhabi lag ich viele Stunden lang wach, Mama. Ich drehte mich von einer Seite auf die andere, aber der Schlaf wollte sich nicht einstellen. Dabei war ich hundemüde vom Flug, von der Hitze, von den Gesprächen mit meinen Verwandten. Aber tausend Gedanken schossen mir durch den Kopf und raubten mir die Ruhe. Ich war wieder in Afrika, dem Kontinent meiner Brüder und Schwestern, und ich fühlte Freude und Schmerz gleichermaßen stark. Ich dachte an meine Heimat, meine Kindheit in der Wüste, daran, wie mein Leben wohl verlaufen wäre, wenn ich nicht die Flucht ergriffen hätte.

Auf diesem Flecken Erde bin ich geboren, hier habe ich meine Kindheit verlebt, von hier bin ich geflohen. Ich liebe dieses Afrika, seine Sonne, seine Weite, seine Menschen. Gleichzeitig verabscheue ich das Afrika der Gewalt, der falsch verstandenen Traditionen, der bösen Menschen. Ich leide, wenn ich sehe, wie hier Kriege geführt werden, wie Bodenschätze den falschen Menschen Profite bringen, wie die Kreativität, die Leidenschaft, die Talente von Männern und Frauen im Boden versickern wie Wasser während einer Dürreperiode.

Nichts würde mich glücklicher machen als ein neues Afrika, kraftvoll und stolz.

Ich musste auch an Aleeke denken, meinen Sohn, deinen Enkel, und an unseren letzten wunderschönen, friedlichen Urlaub in Mexiko, in der Sonne. Dein Enkel ist schon sehr erwachsen für sein Alter, Mama. Er tritt überall auf, als ob er mein Beschützer sei.

Nach Mexiko hatte er auch seine amerikanische Oma mitgebracht, die das erste Mal in ihrem Leben in einem Flugzeug gesessen hatte. Wir waren den ganzen Tag am Strand und genossen die freie Zeit in vollen Zügen.

Eines Tages erhielt ich einen Anruf aus meinem Büro in Wien, der mich sehr nachdenklich stimmte. Mein Manager Walter erzählte mir, dass in London, Berlin und mehreren anderen Städten gleichzeitig riesige Konzerte für Afrika stattfänden. Ich hatte davon gehört und auch etwas darüber in der Zei-

tung gelesen. Die Konzerte trugen den Titel »Live Aid«. Viele berühmte Popstars aus den USA, aus England und Deutschland sollten in dieser riesigen Musikshow auftreten.
Ich kenne solche Veranstaltungen, Mama. Es wird dabei viel Geld für Afrika gespendet, um Gutes zu tun. Aber auch die Popstars profitieren davon. Sie können ihre neuesten Lieder weltweit vor einem Milliardenpublikum präsentieren oder sich mit älteren Songs wieder in Erinnerung rufen. Manche dieser Popstars verkaufen danach fünfzehnmal so viele Musik-CDs wie vorher. Kein schlechtes Geschäft also, wie man meinen könnte. Für beide Seiten.
Die Veranstalter von »Live Aid« hatten aber einen entscheidenden Fehler gemacht. Sie hatten versäumt, eine repräsentative Auswahl von Betroffenen zu ihrem Fest einzuladen. Walter erzählte mir am Telefon, dass sich eine Mitarbeiterin des Veranstalters in meinem Büro gemeldet hätte – zwei Tage vor dem Konzert. Ich sollte plötzlich als Ehrengast und Rednerin auftreten. So nebenbei erwähnte sie, dass man mehr afrikanische Künstler in die Show einladen wollte. Deshalb wäre meine Teilnahme außerordentlich wichtig, und man würde alles tun, um mich nach London oder Berlin zu bringen. Ich sollte das Zugpferd sein, damit sich mehr Afrikaner an dem Event beteiligen.
»Aber Walter, ich bin doch mit meinem Sohn auf Urlaub in Mexiko.«
»Das habe ich ihnen auch gesagt«, antwortete er. »Aber das hat sie nicht abgeschreckt. Sie hätten keine Kosten und Mühen gescheut, dich zu der Veranstaltung zu lotsen.«
Ich sagte ab. Später erfuhr ich, dass die Veranstalter von vielen Medien heftig kritisiert worden waren, weil sie die afrikanischen Künstler vergessen hatten, obwohl es doch bei dieser Show ausschließlich um Afrika ging.
Mama, ich bin nicht hingefahren, denn ich hätte Aleekes Ur-

laub kaputtgemacht. Aber das war nicht der einzige Grund. Wie schon so oft in meinem Leben hatte ich das Gefühl, wie eine Schaufensterpuppe behandelt zu werden. Ich will aber nicht mehr länger das hübsche, schwarze, afrikanische Gesicht sein, das man der Menge zum Begaffen präsentiert. Es hat mich traurig gemacht, dass bei all den gutgemeinten Aktivitäten für Afrika stets vergessen wird, Betroffene zu Wort kommen zu lassen, die etwas zu sagen haben, afrikanische Künstler, Intellektuelle, Wissenschaftler, Journalisten.
Afrika benötigt Fürsprecher und Förderer. Aber wir brauchen niemanden, der an unserer statt spricht.
Wir Afrikaner und Afrikanerinnen sollten doch bei diesen Veranstaltungen den Menschen selbst erklären, wie wir uns ein besseres Afrika vorstellen. Stattdessen entscheiden Popstars und Politiker, was am besten für uns ist! Diese gutgemeinte Hilfe ist für unseren Kontinent ein Segen und ein Fluch zugleich.
All diese Unterstützungsprojekte bis hin zu den Entwicklungshilfegeldern verändern nicht die Strukturen auf unserem Kontinent. Sie verfestigen ein System, sie legen für alle Zeit der Welt ein Denkmuster fest: »Afrika, der Kontinent, der immer Hilfe braucht.«
Wir sollten uns nicht länger als unfähige Menschen hinstellen lassen, die nicht in der Lage sind, ihr Leben selbst in die Hand zu nehmen, und sich immer von anderen helfen lassen müssen. Ist es nicht so, Mama, dass viele Menschen in Afrika nicht mehr an sich selbst glauben, kein Selbstbewusstsein mehr haben und in die Rolle des ewigen Opfers gedrängt werden? Ich denke, viele haben sich aufgegeben. Statt selbst etwas auf die Beine zu stellen, wartet man lieber auf die nächste Hilfslieferung.
Mama, du weißt, was ich meine. Als Nomaden in der Wüste hatten wir keine Hilfe von anderen Staaten, der Weltbank,

Hilfsorganisationen, Popstars. Wir haben uns über Jahrhunderte an das karge Leben in der Wüste angepasst und gelernt, in einer harten Umwelt zu überleben, Trockenperioden und Sandstürme ohne fremde Hilfe zu überstehen.
Mama, viele Menschen in Afrika haben dies alles verlernt. Sie warten auf Hilfe von außen. Aber so kann unser Kontinent nie gesund werden. Wir brauchen selbstbewusste junge Menschen, die ihr Schicksal und das Schicksal Afrikas selbst anpacken. Wir müssen lernen, uns selbst zu helfen, uns selbst zu organisieren, und die Welt muss dies zulassen.
Africa needs a new spirit! – Afrika braucht einen neuen Geist!

* * *

Es war schon fast hell, als ich einschlief. Ich war zu müde, um aufzustehen und Xasan Lebewohl zu sagen, als er im Morgengrauen das Haus verließ. Ich hörte, wie er seine Sachen zusammenpackte und später die Tür ins Schloss fiel.

KAPITEL 3

Das Wiedersehen

Ich hatte vergessen, wie weit und groß mein Afrika ist. Wenn ich in Europa nach London, Berlin oder Paris fliege, dann bin ich schon da, kaum dass ich mich im Sitz angeschnallt habe. Der Flug von Abu Dhabi nach Mogadischu aber sollte für Xasan zwanzig Stunden dauern. Er musste zweimal umsteigen. Fliegen, warten, fliegen, warten – eine schier endlose Reise.

Ich wurde am nächsten Morgen erst munter, als die Sonne schon ziemlich hoch am Himmel stand. Ich brauchte einen Augenblick, um zu begreifen, wo ich war. Ich ging zum Waschbecken und ließ etwas kaltes Wasser über mein Gesicht und meinen Nacken laufen. Das wirkte. Ich schlüpfte in T-Shirt und Jeans und huschte in die Küche, wo mich Fartun bereits mit einem Lächeln erwartete. Ich wollte zu einer Entschuldigung für mein spätes Aufstehen anheben, aber sie winkte nur ab. »Ich weiß, was du derzeit durchmachst, Waris«, sagte sie.

Wir setzten uns an den Tisch und plauderten ein wenig. Aber das Gespräch kam nicht richtig in Gang. Ich mag meine Schwester, aber in dem Moment war ich mit meinen Gedanken nicht bei ihr, sondern bei Xasan und bei meiner Mutter. Ich starrte die meiste Zeit über aus dem Fenster. Ich fühlte, wie sich die angenehme Morgentemperatur langsam zur Hitze steigerte. Als Kind war mir in Afrika nie aufgefallen, wie heiß es dort werden kann. Jetzt, da ich aus dem spätherbstlichen Wien kam, war das Klima auf der arabischen Halbinsel etwas, woran ich mich erst wieder gewöhnen musste.

Ich fühlte mich in Abu Dhabi im Kreis meiner Verwandten gut aufgehoben. Aber glücklich war ich nicht. Ich war zwar nahe bei meinem Heimatkontinent, aber vieles dort wirkte auf mich seltsam fremd. Die Menschen, die Lebensart, die Denkweise. Dabei müsste ich doch Nähe spüren. In meinen Adern fließt afrikanisches Blut.

»Xasan wird erst in zwei bis drei Tagen wieder hier sein«, sagte Fartun plötzlich.

Sie hatte offenbar meine Gedanken gelesen und meine Ungeduld bemerkt. Ich war von klein auf nie eine gewesen, die lange auf etwas warten konnte. Aber jetzt mit dieser Anspannung im Bauch wurde die Zeit zu meinem schlimmsten Feind.

Am nächsten Morgen meldete sich Xasan. Alles sei in Ordnung, berichtete er.

»Ich bin jetzt in Mogadischu und warte darauf, dass deine Mutter zu mir gebracht wird.«

»Wie ist es in Mogadischu? Wo bist du untergebracht? Bist du in Gefahr? Ist Mutter in Gefahr?«

»Mir geht es gut«, antwortete Xasan mit müder Stimme. »Aber lass uns reden, wenn ich wieder da bin. Dann erzähle ich dir alles.«

Ich ärgerte mich über mich selbst, dass ich keine Rücksicht auf Xasan genommen hatte, sondern nur an mich und meine Neugier gedacht hatte. Ich murmelte eine Entschuldigung, dann legten wir beide auf.

Erneut begann die Warterei. Ich blickte ständig auf die Uhr, obwohl ich sonst ein sehr gespaltenes Verhältnis zu Zeit und Raum habe. Meine chronische Unpünktlichkeit ist wohl eine meiner hervorstechendsten Eigenschaften, die Freunde spontan nennen würden, um mich zu beschreiben. Aber viele Afrikaner sind so. Unsere inneren Uhren gehen einfach anders.

Aber vermutlich war es nicht das lange Warten, das mich fast um den Verstand brachte. Viel eher quälte mich die Unsicherheit: Was wird sein, wenn ich Mutter wiedersehe? Finden wir diesmal die richtigen Worte? Schafft Mutter es diesmal, Verständnis für meine Arbeit, mein Leben, meine Sicht der Dinge aufzubringen – und ich für ihre?

Ich begann, mir im Kopf die ersten Worte zu überlegen, die ich zur Begrüßung sagen wollte. Und: Ich fasste den Entschluss, einige Themen nicht sofort anzusprechen, sondern sie erst lieber in den Schubladen zu lassen. Aber würde meine Spontaneität, meine Heißblütigkeit es überhaupt zulassen, dass meine Mutter und ich uns nicht sofort wieder in die Haare gerieten?

»Sie ist da!«

Ich hörte Fartuns aufgeregte Stimme durch das ganze Haus hallen. Es war noch sehr früh am Morgen, aber diesmal war ich schon munter. Es sollte ein äußerst heißer Tag werden, keine Wolke war am Himmel zu sehen.

»Mutter ist da.«

Ich stürzte aus dem Haus, dann sah ich auch schon das staubige Taxi, das mit hoher Geschwindigkeit vor dem Haus meiner Schwester vorfuhr. Aber von meiner Mutter keine Spur. Ich blickte durch die Scheiben, so gut es der Staub darauf zuließ, aber ich konnte niemanden entdecken.

Dann ging die linke Hintertür auf und Xasan sprang aus dem Auto.

»Deine Mutter liegt auf der Rückbank. Sie ist kaum ansprechbar. Sie hat ziemlich große Schmerzen.«

Ich ging um das Auto herum und kletterte auf den Platz, auf dem zuvor Xasan gesessen hatte. Mir stockte der Atem. Ich konnte kaum glauben, was ich zu sehen bekam. Es gibt Fotos von meiner Mutter und mir, da sehe ich aus wie ihre kleine Schwester. Ich bin groß für eine Frau, einen Meter vierundsiebzig, aber sie überragt mich um eine Kopflänge. Es hat mir immer imponiert, wie majestätisch aufrecht sie sich beim Gehen hielt. Sie stolzierte wie ein Model, ohne es zu wissen.

Aber auf dem Rücksitz kauerte jetzt ein Häufchen Elend. Meine Mutter sah so klein, vertrocknet und hilflos aus, dass mir die Tränen in die Augen schossen. Mama lehnte seitwärts gebeugt auf dem Rücksitz, vermutlich bereitete ihr diese Position die wenigsten Schmerzen. In kurzen Abständen stöhnte und wimmerte sie jämmerlich. Ich setzte mich ganz dicht neben sie und legte meinen Arm um ihre Schulter. Als ich mit meinen Ohren ganz nah bei ihrem Mund war, hörte ich ein leises »Waris«.

Nun konnte ich mich nicht mehr halten. Die Tränen schossen mir in die Augen, und ich weinte hemmungslos. Alles, was sich jahrelang an Gefühlen in mir aufgestaut hatte, brach nun mit einem Mal aus mir heraus. All der Streit, die Zwistigkeiten, die Meinungsverschiedenheiten waren nun weit weg. In diesem Augenblick zählte nur, dass meine Mutter da war, in meinen Armen.

Ich kann mich nicht erinnern, wie lange wir auf der Rückbank des Autos in dieser Position verharrten. Keiner von uns beiden sagte auch nur ein Wort. Da war nur Nähe.

Schließlich öffnete Xasan sanft die Autotür.

»Wir sollten deine Mutter jetzt langsam ins Haus bringen«, sagte er.

»Ja, natürlich«, antwortete ich und löste langsam meinen Arm von ihrer Schulter. Sie stöhnte kurz auf, beschloss dann aber, die Zähne zusammenzubeißen. Vielleicht wollte sie ihrer Tochter auch zeigen, wie stark und stolz sie war?

Ich kletterte aus dem Wagen. Xasan und Dirhan hoben Mutter behutsam an und hievten sie aus dem Auto. Als sie sich anschickten, Mama ins Haus zu tragen, deutete sie plötzlich heftig mit den Fingern auf den Boden. Xasan und Dirhan verstanden nicht sofort und sahen mich verdutzt an.

»Mama will gehen«, sagte ich zu ihnen. »Sie will selbst ins Haus gehen. Sie ist zu stolz, um getragen zu werden.«

Also stellten Dirhan und Xasan die Füße meiner Mutter vorsichtig auf den Boden und richteten sie langsam auf. Sie stöhnte wieder kurz auf, was Xasan und Dirhan veranlasste, ihre Bewegungen in der Sekunde quasi einzufrieren. Aber immer bedeutete ihnen meine Mutter, weiterzumachen.

Schließlich stand sie da, vornübergebeugt, jeweils ein Arm ruhte auf den Schultern von Xasan und Dirhan. So schleppte sich das Trio im Schneckentempo Richtung Haus, ich trottete hinterher. Ich habe keine Erinnerung mehr, wie lange wir brauchten, um ins Haus zu gelangen, aber es muss eine kleine Ewigkeit gedauert haben.

Wir brachten Mutter in ein Gästezimmer und legten sie ins Bett. Es dauerte keine Minute, und sie fiel in eine Art Dämmerschlaf. Ich holte mir einen Sessel und setzte mich möglichst nahe ans Bett. Ich hörte immer wieder leises Stöhnen, aber sonst atmete Mama ruhig. Ich versuchte, mich möglichst wenig zu bewegen, um ihren Schlaf nicht zu stören.

So blieb ich mehrere Stunden lang sitzen. Ich blickte in Mutters Gesicht, und tausend Erinnerungen gingen mir durch den Kopf.

* * *

Mama,

du hast mir nie die Frage beantwortet, warum du mich Waris genannt hast. Waris bedeutet »Wüstenblume«, und meiner Erinnerung nach blüht sie hell-gelborange und hat ovale Blütenblätter. Aus diesem Grund ist gelb immer meine Lieblingsfarbe gewesen.

Die »Wüstenblume« ist eigentlich keine richtige Blume, sondern eher ein kleiner, trotziger Strauch. Sie überlebt, auch wenn es ein ganzes Jahr lang nicht regnet. Sobald dann aber die Regenzeit einsetzt, beginnt sie, die Wüste orange zu färben, einige Tage lang. Vielleicht hast du geahnt, dass ich ein besonders widerstandsfähiges Mädchen sein werde, und mich deshalb »Wüstenblume« genannt.

Mama, ich habe dir niemals die Frage beantwortet, warum ich nicht mehr in mein altes Leben nach Somalia zurückgekehrt bin. Als ich dich vor Jahren besucht habe, konnte ich dich in den Arm nehmen, und wir haben lange Gespräche geführt. Ich habe dir angeboten, dich in meine neue Welt mitzunehmen. Aber du hast geantwortet, dass du ein Teil dieser Wüste bist. Dass alles, was du liebst, deine Familie, deine Freunde, deine Tiere, hier ist und dass du dort, wo ich bin, nichts hättest außer mir und deinem Enkel Aleeke. Das verstand ich.

Aber hast du mir auch zugehört, als ich dir erzählt habe, warum ich nicht mehr nach Somalia zurückwill? Ich habe dir geschildert, welche Schmerzen mir meine Genitalverstümmelung bereitet hat und wie ich heute noch darunter leide. Ich habe dir von meinen Träumen von einem neuen, freien Afrika erzählt, das sich seiner Tradition bewusst ist, aber sich von allen Sitten verabschiedet, die Leiden verursachen, unglücklich machen, Menschen daran hindern, sich zu entfalten.

Ich erinnere mich noch gut daran, was passierte, als ich meinen Vater zum letzten Mal sah. Mein Bruder Mohammed,

unser Cousin Ragge und ich hatten einen Streit, bei dem ich Partei für Ragge ergriff.
Damit war Vater nicht einverstanden. Er sagte: »Waris, du musst mir genau zuhören. Das ist das Gesetz deiner Familie: Deine Blutsbrüder und du gegen deine Halbbrüder! Deine Brüder, Halbbrüder und du gegen deine Vettern! Deine Sippe gegen andere Sippen! Dein Clan gegen andere Clans!«
Ich konnte diese Worte nicht glauben.
»Aber Papa. Ragge ist doch der Sohn deines Bruders. Er ist wie Mohammeds Bruder aufgewachsen. Ist er dann nicht auch mein Bruder?«
Doch Vater wiederholte seine Worte.
Das ist jetzt Jahre her. Ich verstehe, was Vater mir sagen wollte, aber ich begreife den Sinn nicht.
Ich begann Fragen zu stellen: »Warum muss das so sein? Warum gibt es diese Tradition? Warum leben wir so und nicht anders?«
Aber ich bekam nie Antwort. Kein einziges Mal.
Blutsverwandtschaft ist die Grundlage Somalias, Mama, das hast du mich gelehrt. Deine Familie, dein Subclan, dein Clan – das ist alles, was du hast. Der Clan regelt deine Stellung innerhalb der Familie. Der Clan bestimmt, mit wem du verfeindet bist und wen du als Freund ansehen sollst. Der Clan legt fest, was du verkaufen darfst und an wen. Der Clan ordnet an, was du kaufen sollst und von wem. Der Clan ist deine Zukunft und Gegenwart, er fühlt für dich, er handelt für dich, er denkt für dich. Er ist deine Seele und deine Identität.
Der Clan kann dich beschützen, aber er kann auch dein Gefängnis sein. Ich musste ausbrechen.

* * *

Mutter schlief immer noch. Das leise Stöhnen war geblieben, aber es machte mir nun weniger Angst. Ich dachte an meinen Vater. Er war Darod. Die Darod gelten als einer der größten Clans in Somalia. Ihr Beiname lautet La'Bah, was übersetzt »die Löwen« bedeutet.

Vater war ein großer Mann. Er maß fast einen Meter neunzig. Er hatte hellere Haut als meine Mutter, braunes Haar und hellbraune Augen. Papa war eitel. Er wusste, dass er gut aussah. Er zog die Blicke der Frauen auf sich, und die Frauen plusterten sich in seiner Gegenwart immer ganz schön auf, um seine Aufmerksamkeit zu erregen.

Ich blickte meiner Mutter erneut ins Gesicht.

»Du warst für mich immer die schönste Frau der Welt«, sagte ich leise. Die Haut meiner Mutter ist schwarz wie Pech, das Gebiss so weiß wie der Schnee in den österreichischen Alpen. Nachts in der Wüste, wenn es stockfinster war, konnte ich ihre Zähne leuchten sehen.

Mutter wuchs in Mogadischu auf.

Vater war ein umherziehender Nomade aus dem nordwestlichen Hochland.

Mutter gehörte zum Clan der Hawiye. Sie stammte aus einer sesshaften, begüterten Familie, während Vater als Viehhändler von Markt zu Markt zog, um zu überleben.

Mutters Familie war nicht damit einverstanden, dass die bildhübsche Tochter ihr Leben vergeudete, indem sie mit diesem Mann in der Wüste Kamele züchtete. Doch als Mutter ungefähr sechzehn Jahre alt war, lief sie fort aus Mogadischu und heiratete Papa trotzdem.

In Somalia ist der eigene Clan, die eigene Familie, das eigene Blut das Wichtigste im Leben. Die Abstammungslinie ist heilig. Jedes Kind lernt seinen Stammbaum auswendig. Auch ich musste als kleines Kind meine Vorväter aufzählen lernen – achthundert Jahre zurück bis zum Anfang des großen Clans der Darod väterlicherseits und zum Anfang des Clans der Hawiye mütterlicherseits.

Aber ich weiß auch, dass wir ein Volk sind, das Volk der Somali. Ich kann den Weihrauch riechen, den wir am Lagerfeuer verbrannten. Meine Mutter erzählte dazu immer die alten Geschichten und Sagen.

Ich erinnere mich, dass wir Weihrauch aus dem Boswellia-Baum abzapften, der oben in den Hochländern im Nordosten Somalias wächst. Wir schlugen vorsichtig eine kleine Kerbe in diesen hübschen, etwa einen Meter fünfzig hohen Baum mit den schirmartigen Ästen. Aus der Kerbe trat eine milchige Flüssigkeit aus, die sich nach einem Tag verfestigte.

Als Kinder kauten wir das Zeug auch gern, weil wir den bitteren Geschmack mochten.

Am Feuer umhüllte uns dann ein intensiver Duft. Wir saßen da, und Mutter erzählte uns die Legende unseres Stammesvaters Hill. Soweit ich mich noch erinnern kann, handelt die Geschichte von einem Vater, der zwei völlig unterschiedliche Söhne hat. Der eine heißt Samaal. Er ist groß und kräftig und macht als Jäger und Viehhirte seinem Vater alle Ehre. Der andere heißt Saab. Er ist nicht so groß und kräftig wie sein Bruder, aber er ist ein guter Ackerbauer, der seinem Vater eine reichliche Ernte beschert.

Eines Tages streiten die Brüder, wen der Vater denn nun mehr liebe. Der Vater kann den Streit nicht beilegen, denn er liebt beide von ganzem Herzen. Also beschließen die Brüder, einen Wettstreit zu veranstalten. Beide sollen dem Vater das als Geschenk vor die Tür legen, was ihnen das Wertvollste in ihrem Leben ist. Derjenige, dessen Gabe der Vater zuerst mitnimmt, ist der Gewinner.

So geschieht es. Samaal bindet vor der Hütte des Vaters sein bestes Lamm an einem Pflock fest. Saab hingegen überlegt, ob er wirklich die besten Stücke seiner Ernte hinlegen soll.

Schließlich schenkt er seinem Vater gute und schöne Früchte des Feldes, die besten aber behält er für sich.

Am nächsten Morgen ist das Lamm nicht mehr da, doch die Früchte liegen noch immer vor der Hütte des Vaters.

So erzählt die Überlieferung, dass die »echten« Somali, die wie ihre Vorväter als Nomaden durch das Land ziehen, von Samaal abstammen.

Alle »unechten« sesshaften Somali hingegen sind Nachkommen von Saab.

* * *

Ich respektiere dieses Clansystem, aber ich will damit nicht leben müssen. Ich will nicht Teil davon sein.
Mama, du hast uns Kindern kaum je etwas von deiner Familie erzählt. Ich vermute, weil du meinen Vater gegen den Willen deiner Eltern geheiratet hast. Vielleicht hast du mir deshalb damals geholfen, als ich von daheim fortlief. Ich sollte mit einem Greis verheiratet werden, der fünf Kamele für mich zahlen wollte.
Ich kann mich noch genau an jenen Tag erinnern, als du mich noch vor dem Morgengrauen geweckt hast. Du hast mich ganz zärtlich berührt.
»Zeit zu gehen, die anderen schlafen noch«, hast du gesagt.
Als ich aufstand und mir den Schlaf aus den Augen rieb, hast du mich noch einmal gewarnt.
»Du musst dir einen Vorsprung verschaffen. Vater wird dich suchen.«
Ich taumelte mehr, als dass ich ging. Mir war übel und ich hatte Angst. Angst vor der Einsamkeit, die auf mich warten würde.

Vor der Hütte haben wir uns noch einmal kurz umarmt.
»Vergiss mich nicht.«
»Eines Tages komme ich und hole dich«, versprach ich. »Dann werden wir wieder gemeinsam unter einem Dach leben.«
Du hast gelächelt. Dann lief ich hinaus in die Wüste. In die Ungewissheit, in die Freiheit, in mein neues Leben. Ich war vielleicht dreizehn Jahre alt. Aber so genau weiß ich das nicht.
Auf meiner Flucht hatte ich das Glück, eine Zeitlang bei deiner Mutter, meiner Großmutter, in Mogadischu verbringen zu dürfen. Auch deinen Bruder Wolde'ab lernte ich damals kennen. Ihr beide müsst als Kinder ein lustiges Paar gewesen sein. Er sah nicht nur so aus wie du, sondern er hatte auch deinen Humor.
Großmutter war eine zähe, willensstarke Person. Sie besaß große Ausstrahlung, die Geschmeidigkeit und Eleganz ihrer Bewegungen erinnerten mich an dich. Ihre Hände waren sanft, obwohl die viele Arbeit tiefe Furchen hinterlassen hatte. Großmutter war eine fromme Muslima – so wie du. Sie betete fünfmal am Tag in Richtung Mekka. Niemals setzte sie auch nur einen Schritt vor die Tür, ohne sich zuvor von Kopf bis Fuß zu verschleiern.
In den Wochen, als ich bei ihr unterschlüpfte, versuchte sie, mich immer wieder zu belehren, wie sich eine Muslima würdig zu benehmen habe. Ich war schon damals voller Unruhe, hüpfte wie ein Floh durchs Haus. Jeden Tag gingen wir zu Fuß zu einem ziemlich weit entfernten Markt. Ich wartete immer voller Ungeduld darauf.
Großmutter sagte nur: »Das Gras wächst nicht schneller, wenn man daran zieht, Waris.«
Das wurde eine meiner wichtigsten Lebensweisheiten.
Niemals nahmen wir den Bus zum Markt.
»Solange ich gehen kann, werde ich gehen«, sagte sie. »Das

ist die Art, wie wir Nomaden uns seit Jahrtausenden fortbewegen. Das werde ich auch weiter so machen, bis mich Allah ruft.«

* * *

Es war längst Mitternacht geworden, aber ich war immer noch hellwach. Es war eine klare Nacht, durch das Fenster konnte ich die Sterne sehen. Die Hitze hatte einer angenehmen Kühle Platz gemacht. Mutter lag vor mir in ihrem Bett, die Decke hatte sie nur bis zum Bauch hochgezogen. Wie zerbrechlich sie doch aussah.

Plötzlich fiel mir ein, dass ich Mutter noch nie krank gesehen hatte. In all meinen Erinnerungen taucht sie als zähe, willensstarke Person auf. Jetzt konnte man sie für einen Schatten halten, ihr Körper bestand nur noch aus Haut und Knochen.

»Die Ärzte in Wien werden dich wieder gesund machen«, sagte ich halblaut.

Ich kann mich nicht mehr erinnern, wann ich im Sessel eindöste. Ich träumte von der Zeit, als ich noch ein kleines Mädchen war, zornig, widerborstig, aber immer auf der Suche nach Liebe.

Die Erinnerungen an meine Kindheit sind voller Magie. Es gab damals nur diese eine Welt, die mich unmittelbar umgab. Von einer anderen wusste ich nicht. Da waren die Berge, die Sterne am Himmel und die Sonne am Firmament. Die Ziegen, die Schafe und die Kamele. Die Hütten und Zelte, aus denen vertraute Gerüche kamen.

Es gab kein Babygeschrei. Ich kann mich nicht daran erinnern, dass in der Wüste je ein Baby laut und lange gebrüllt hätte. In Somalia sind kleine Kinder immer bei ihrer Mutter.

Während der Arbeit, beim Wasserholen, immer. Die Säuglinge werden stets getragen, am Bauch oder am Rücken, und schlafen auch nachts bei ihrer Mutter. Sie sind vom ersten Tag an Teil der Gemeinschaft. Das Dunkel der Hütte, der Geruch eines offenen Feuers und der Lehmerde, der Duft eines Gerichts, das im Topf köchelt – Babys erleben, fühlen, riechen und schmecken alles mit. Nicht nur durch die Mutter, sondern durch die gesamte Gemeinschaft. Ich nenne das die Magie des Getragenwerdens.

Meine ersten bewussten Erinnerungen haben mit Tieren zu tun. Wie stolz ich war, als ich das erste Mal eine kleine Ziege führte und mit ihr auf Futtersuche ging. Je mehr Aufgaben mir übertragen wurden, desto stärker wuchs mein Selbstvertrauen. Feuerholz sammeln, Wasser holen, mich um die Tiere kümmern oder beim Flechten von wasserdichten Behältern helfen – alles wurde nach und nach Teil meines Lebens.

Es war ein einfaches, aber gutes Leben. Schon bald hatte ich die Verantwortung für mehrere Ziegen. Ich musste zusehen, dass ich einen geeigneten Weideplatz für sie fand, damit sie sich satt fressen konnten und uns gute Milch gaben. Wenn ich geschickt wurde, um Wasser zu holen, war mir klar, dass ich mit einem vollen Krug heimkommen musste. Das Leben in der Wüste hängt an solchen Dingen. Es gibt keinen Supermarkt um die Ecke, in den man einkaufen gehen kann, wenn die Ziegen einmal keine Milch geben wollen oder das Wasser beim Tragen verschüttet wurde. Die Gemeinschaft verlässt sich auf den Einzelnen. Das ist unsere Kultur.

Am nächsten Tag riefen wir einen Arzt. Er kam am Nachmittag und untersuchte meine Mutter gründlich.

»Sie muss ins Krankenhaus«, sagte er anschließend. »Ich habe hier nicht die medizinischen Geräte, um festzustellen, was ihre Schmerzen verursacht.«

»Aber wir wollen sie doch nach Wien bringen und dort behandeln lassen«, wandte meine Schwester ein. »Alles ist organisiert. Mutter sollte in den nächsten Tagen fliegen.«

»Davor kann ich nur warnen«, erwiderte der Arzt. »Sie ist zu schwach, um noch eine solch lange Reise unternehmen zu können. Sie hat starkes Untergewicht, ist unterernährt, weil sie wegen der Schmerzen so wenig gegessen und getrunken hat.«

Meine Schwester und ich blickten uns ratlos an. Sollten wir Mama in Abu Dhabi im Krankenhaus behandeln lassen? Vor einigen Jahren war sie einmal in Dubai operiert worden. Sie war in den Bürgerkriegswirren von einem Querschläger getroffen worden. Die Kugel verletzte zum Glück keine lebenswichtigen Organe und konnte ohne Probleme entfernt werden.

Der Arzt bemerkte unsere Verunsicherung.

»Ich mache einen Vorschlag«, sagte er schließlich. »Ihr sorgt dafür, dass eure Mutter wieder zu Kräften kommt, und dann überlegen wir, was das Beste für sie ist. Ich schaue in ein paar Tagen wieder vorbei.«

Fartun und ich waren erleichtert. Natürlich wäre es kein Problem gewesen, Mama in den Emiraten operieren zu lassen. Aber vieles sprach dafür, sie nach Österreich zu bringen. Die Wiener Ärzte genießen Weltruf, ich hätte meine Mutter bei mir, um sie pflegen zu können. Und ich wollte die Gelegenheit nutzen, mich mit ihr auszusprechen. Das war mein fester Wille.

Die ersten Tage waren schwer. Wir konnten Mutter kaum dazu bringen, etwas zu essen. Wann immer meine Schwester oder ich mit einem Teller Suppe oder einer Schüssel Reis nur in ihre Nähe kamen, winkte sie ab. Mutter lag den ganzen Tag über im Bett, döste und stöhnte leise vor sich hin.

Zweimal am Tag kam ein Krankenpfleger, ein großer und

kräftiger Mann, und legte meiner Mutter eine Infusion an. Er redete sehr viel, ich kann mich nicht erinnern, dass sie ihm jemals eine Antwort gab.

Schließlich passierte, womit wir nicht mehr gerechnet hatten. Die Infusionen zeigten Wirkung. Mama bekam Appetit. Sie aß – kleine Portionen zwar, aber wir klammerten uns an jeden Strohhalm. Sie begann, sich im Bett aufzusetzen, schlief nicht mehr den ganzen Tag, begann, sich mit meiner Schwester und mir zu unterhalten. Doch immer wieder bekam sie Krämpfe im Bauch, und wir fühlten uns dann so hilflos, weil wir nichts unternehmen konnten. Aber es war unübersehbar, dass Mutter dabei war, wieder zu Kräften zu kommen.

Eines Nachmittags saß ich an ihrem Bett, und wir unterhielten uns. Es war ein freundliches Gespräch, wir schwelgten in Erinnerungen.

»Waris«, sagte meine Mutter plötzlich mit leiser Stimme, »bist du inzwischen nicht auch überzeugt davon, dass deine Beschneidung damals richtig war?«

Mir klappte die Kinnlade runter. Ich wusste nicht, was ich antworten sollte, und deshalb fragte ich nach.

»Was hast du eben gesagt, Mutter?«

Sie drehte sich zu mir um und sah mir direkt in die Augen.

»Deine Beschneidung damals, ob du nun nicht findest, dass es gut war, es damals machen zu lassen?«

Einen Augenblick lang war es so still, dass man gehört hätte, wenn im Zimmer eine Stecknadel zu Boden gefallen wäre. Dann sprang ich aus dem Sessel hoch und machte einen Satz auf meine Mutter zu:

»Wie kannst du es wagen, mir eine solche Frage zu stellen. Seit dieser Beschneidung leide ich jeden Monat, jeden Tag, jede Stunde daran, was mir damals angetan wurde. Und du sagst mir jetzt ins Gesicht, dass ich das gut finden soll.«

Mutter war ehrlich erschrocken. Ich sah ihr an, dass sie nicht mit einer solchen Reaktion gerechnet hatte. Dabei wusste sie allzu gut, wie ich über Genitalverstümmelung denke, ich habe das ihr gegenüber immer klargemacht. Warum also die Frage zu diesem Zeitpunkt?

»Weißt du eigentlich, wie viel Leid mit Genitalverstümmelungen angerichtet wird?«, fragte ich in scharfem Ton.

Ich hatte mich inzwischen wieder gesetzt und versuchte, mich einigermaßen zu beruhigen. Aber ich merkte, dass mein Herz bis zum Hals schlug und mein Blut immer stärker in Wallung geriet. Ich war zornig und fassungslos zugleich.

»Mutter, ich bekomme Briefe, Anrufe, ich habe Hunderte Mädchen und Frauen getroffen, die Opfer von Verstümmelungen wurden. Sie erzählen mir Geschichten, die mich bis in meine Träume verfolgen. Was soll gut an einer Prozedur sein, die Menschen ein Leben lang zu Krüppeln macht?«

»Aber Waris, das ist doch unsere Tradition. Seit Jahrhunderten werden Mädchen beschnitten. Sie werden dadurch zur Frau gemacht und fühlen sich danach als vollwertige Mitglieder der Gesellschaft. Ihre Familien sind von Stolz erfüllt ...«

»... und sie können dann auch besser verkauft werden wie ein Stück Vieh«, fiel ich meiner Mutter ins Wort. »Natürlich weiß ich, dass eine Frau, die nicht genital verstümmelt ist, keinen Mann zum Heiraten findet. Selbstverständlich ist mir bewusst, dass niemand mit Kamelen für eine Frau bezahlen will, die nicht ›gemacht‹ wurde. Aber irgendwann muss doch einmal jemand aufstehen und stopp sagen. Genitalverstümmelung ist nicht etwas, auf das wir stolz sein sollten, sondern wofür wir uns schämen sollten.«

Meine Mutter zuckte plötzlich zusammen und stieß einen lauten Schrei aus. Ein heftiger Bauchkrampf schüttelte sie, und sie wand sich wieder vor Schmerzen. Ich saß da und wusste nicht, was ich tun sollte. Eben noch wollte ich meiner Mutter ins Gesicht springen, jetzt tat sie mir wieder unendlich leid.

Fartun kam ins Zimmer gerannt. Sie hatte Mutters Schrei gehört.

»Was ist los?«, fragte sie mich.

»Sie hat wieder einen Anfall«, antwortete ich und verließ den Raum.

Ich ging in mein Zimmer und schloss ab. Ich wollte jetzt allein sein. Mit mir und mit meinem Kummer.

* * *

Mama, in den Tagen und Nächten, als ich in Abu Dhabi an deinem Bett saß, habe ich lange überlegt, wie ich mit dir am besten über weibliche Genitalverstümmelung ins Gespräch kommen könnte. Dieses Thema steht wie eine Wand zwischen uns. Wenn wir diese Wand einreißen könnten, dann würden uns unsere Wege wieder zueinander führen. Das ist meine feste Überzeugung.

Ich engagiere mich seit einigen Jahren im Kampf gegen die brutale Verstümmelung kleiner Mädchen, die bis heute in vielen Ländern der Erde praktiziert wird. Genitalverstümmelung ist eine barbarische Gewalttat. Dabei werden den Frauen die Geschlechtsteile teilweise oder ganz entfernt. Klitoris, Klitorisvorhaut, die inneren Schamlippen werden herausgeschnitten, und, du weißt das, Mama, in schlimmen Fällen werden die inneren Schamlippen ganz abgeschnitten und die äußeren zusammengenäht, so dass ein Narbengewebe über der Vagina entsteht. Oft bleibt nur ein kleines Loch offen. Die Mädchen müssen häufig wochenlang mit zusammengebundenen Beinen liegen, ein Streichholz oder ein Strohhalm soll

verhindern, dass das Loch ganz zuwächst. Durch diese winzige Öffnung fließen dann Urin und Monatsblutung ab. Die Frauen leiden ihr Leben lang höllische Schmerzen.
Und warum das alles? Aus Tradition, falsch verstandenem Glauben, aus Unwissenheit über die medizinischen Folgen, weil man es immer so gemacht hat.
Ich wollte und ich konnte nicht mehr zusehen, Mama. 8000 Mädchen werden pro Tag Opfer dieser grausamen Prozedur. 8000 Mädchen täglich, Mama. Sie müssen leiden wie einst ich. Es sind sinnlose Qualen. Mit einer zerbrochenen Rasierklinge wurde meine Klitoris beschnitten, ohne Betäubung. Ich verlor das Bewusstsein, hatte tagelang Schmerzen wie vorher und nachher nie mehr in meinem Leben. Ich bekam hohes Fieber. Wie durch ein Wunder überlebte ich.
Du hast meine Genitalverstümmelung immer gutgeheißen. Kann man mit einem Menschen, der so darüber denkt, in ein vernünftiges Gespräch kommen?
Man muss, auch wenn es weh tut.
Mama, du bist eine gläubige Muslima. Das bezeugst du durch deine rituellen Waschungen, deine täglichen Gebete in Richtung Mekka und mit dem Stück Koran, das du um den Hals trägst. Du hast uns als Kinder beten gelehrt, du hast uns Koranverse in arabischer Sprache beigebracht, obwohl du selbst davon kein Wort verstanden hast. Du hast uns das Augen-Pardah, dieses »Blick-zu-Boden-Schlagen«, eingetrichtert, wenn wir Mädchen mit Männern sprachen.
Mama, ich respektiere deinen Glauben. Aber gerade deswegen ist es wichtig, dass du begreifst: Der Glaube schreibt Genitalverstümmelung nicht vor. Immer mehr seriöse Imame predigen, dass es keine Glaubensvorschrift gibt, die so etwas Grausames befiehlt. Im Gegenteil, Genitalverstümmelung widerspricht den Anliegen des Islam. Es gibt keinen religiösen Grund, Mädchen und Frauen zu verstümmeln.

Wenn ich dir gegenübersitze, habe ich manchmal den Eindruck, als würden wir uns durch Ferngläser betrachten. Aber wir beide halten diese Ferngläser falsch herum. Wir versuchen einander näherzukommen, tatsächlich entfernen wir uns immer weiter voneinander.
Ich bin für dich die Europäerin, die jede Tradition vergessen hat. Eine Schande, wie ich lebe, was ich mache, wie ich mich kleide.
Aber Mama, ich kann nicht länger schweigen. Ich kämpfe stellvertretend für die Tausende von kleinen Mädchen, die ihre Stimmen nicht gegen dieses Unrecht, das ihnen angetan wird, erheben können. Dieses Verbrechen muss aufhören, verstehst du? Ich kämpfe nicht gegen dich, ich kämpfe nicht gegen religiöse Überzeugungen, ich kämpfe gegen ein Verbrechen.
Ja, ich werde von religiösen Fanatikern bedroht. Man wirft mir vor, meine Kultur zu verraten, gegen meine Landsleute zu hetzen, gegen die Tradition zu sein. Aber Verstümmelung ist keine Tradition, sondern einfach ein Unrecht, das nicht länger hingenommen werden kann. Ich hatte großes Glück in meinem Leben, so weit zu kommen. Doch jetzt ist es an der Zeit, etwas von diesem Glück zurückzugeben. Ich will meine Popularität nutzen und mit meinem Namen dafür kämpfen, dass Genitalverstümmelungen abgeschafft werden: in Europa, in Afrika, überall auf der Welt.
Du bist natürlich immer davon überzeugt gewesen, das Richtige zu tun. Du wolltest bestimmt das Beste für deine Mädchen. Das Wegschneiden von Klitoris und Schamlippen markiert in unserer Gesellschaft den Übergang vom Kind zum Erwachsenen, es macht Mädchen erst heiratsfähig.
Du hast uns immer zu verstehen gegeben: Das Schlimmste, was einer deiner Töchter passieren kann, ist, keinen Mann zu finden. Ich kann dein Handeln nicht entschuldigen, aber ich versuche zumindest, deine Motive zu verstehen. »Unbe-

schnittene«, das ist ein schlimmes Schimpfwort in Somalia. Man spricht nicht mit solchen Frauen, sie finden keinen Mann – sie sind Außenseiterinnen.

Aber Mutter, ich möchte dir erklären, welches Leid durch diese Verstümmelungen entsteht – und dass die vielen Gesundheitsprobleme, die dich und deine Töchter plagten und plagen, darauf zurückzuführen sind. Denk doch daran, wie viele Kinder du selbst bei der Geburt verloren hast, wie viele Töchter in unserer Familie und in unserem Clan die Verstümmelung ihrer Genitalien nicht überlebt haben, weil sie verblutet sind. Oder denk daran, wie viele unfruchtbar geworden sind.

Wenn du mir schon nicht glaubst, dann hör dir doch an, was muslimische Glaubensexperten zur Beschneidung sagen, Mama. Vor kurzem war ich eine Woche lang als Ehrengast nach Nairobi, der Hauptstadt von Kenia, eingeladen. Ich sollte in meiner Funktion als UN-Botschafterin im Rahmen der »International Conference on FGM« eine Rede halten. FGM, das ist die Abkürzung des englischen Begriffs für weibliche Genitalverstümmelung: Female Genital Mutilation.

Es war eine der größten internationalen Konferenzen gegen weibliche Genitalverstümmelung, die es jemals gegeben hatte. Minister, Regierungsmitglieder, Parlamentarier aus vielen afrikanischen Staaten nahmen daran teil, ebenso Frauenorganisationen aus der ganzen Welt und Vertreter aller großen nichtstaatlichen Organisationen, die sich gegen FGM engagieren. Bei dieser Konferenz sprachen Ärzte, Religionsvertreter, ehemalige Beschneiderinnen, Opfer, Richter, Lehrer, Künstler und sogar Schüler und Studenten.

Es war keine Veranstaltung, auf der nur Friede, Freude und Eintracht herrschte. Im Vorfeld hatten viele Befürworter von Genitalverstümmelungen versucht, die Konferenz zu verhindern, zu stören, finanzielle Quellen zum Versiegen zu bringen.

Aber es war gut, dass alle ihre Erfahrungen, Meinungen und Ansichten offen ausgesprochen haben. Man kann sich nur mit Argumenten auseinandersetzen, die man kennt.

Als UN-Botschafterin durfte ich eine der Eröffnungsreden halten. Und ich habe mir gedacht, ich nenne die Dinge gleich beim Namen. Du kennst mich ja. Ich bin sehr geradeheraus. Das gereicht mir nicht immer zum Vorteil.

Meine Rede war ein einziger flammender Appell, ein gesetzliches Verbot von Genitalverstümmelung durchzusetzen. In dieser Deutlichkeit hatte das in Afrika noch nie zuvor jemand ausgesprochen. Ich habe auch darauf hingewiesen, dass ein Verbot nur ein erster Schritt sein kann. Denn die Lebensbedingungen für Frauen in Afrika sind menschenunwürdig. Die Weltbank hat ausgerechnet, dass Frauen in Afrika achtzig Prozent der Nahrung produzieren und mehr als neunzig Prozent der Arbeit verrichten. Trotzdem sind sie Menschen zweiter Klasse. In den meisten afrikanischen Ländern ist es Frauen nach wie vor verwehrt, Land zu erwerben. Frauen besitzen weniger als fünf Prozent des gesamten Vermögens. Doch sie sind es, die unsere Gesellschaft am Laufen halten, die sich um Nahrung und die Kinder kümmern und die versuchen, die gesellschaftliche Eintracht zu erhalten. Dennoch verwehrt unsere Gesellschaft ihnen so gut wie alle Rechte.

Ich hatte mich schnell warm geredet. Ich wies darauf hin, dass eine Frau in vielen afrikanischen Ländern nichts wert sei. Man kann sie verkaufen oder kaufen. Man kann sie ausnutzen oder sie verleugnen. Die meisten Mädchen und Frauen haben keinen Zugang zu Bildung. Die meisten Mädchen und Frauen haben keinen Zugang zu medizinischer Versorgung In Schwarzafrika stirbt eine von sechzehn Frauen während der Schwangerschaft oder der Geburt.

Genitalverstümmelung ist dabei ein Teil dieses Problems – wohl der schrecklichste. Genitalverstümmelung ruiniert das

Leben der betroffenen Mädchen und Frauen. Viele sterben daran, und diejenigen, die sie überleben, leiden lebenslang an ernsten gesundheitlichen Problemen. In manchen afrikanischen Staaten sind mehr als neunzig Prozent der Frauen betroffen. Laut Schätzungen der UNO werden jedes Jahr drei Millionen Mädchen in Afrika verstümmelt. Das bedeutet, dass allein am heutigen Tag 8000 Mädchen Opfer dieses Verbrechens werden. Morgen werden es wieder 8000 sein. Tag für Tag werden 8000 Leben zerstört.

In dem großen Saal des Kenyatta-Konferenzzentrums, der bis auf den letzten Platz gefüllt war, hatte ich inzwischen die volle Aufmerksamkeit. Doch ich war noch nicht am Ende meiner Rede angelangt. Als ich dann sagte, dass FGM nichts mit Religion, nichts mit Tradition oder Kultur zu tun hat, sondern nichts anderes als ein Verbrechen an Mädchen und Frauen ist, da war es für einen kurzen Moment ganz still im Saal. Dann plötzlich ging es Schlag auf Schlag. Erst stand eine Frau auf und spendete Beifall, dann eine zweite, eine dritte, zehn, zwanzig, hundert. Es war wie eine Szene aus einem amerikanischen Kinofilm. Am Ende hatten sich alle von ihren Sitzen erhoben und applaudierten. Mehrere Minuten lang erntete ich tosenden Beifall. Es war eine der bewegendsten Szenen in meinem Leben.

Nach der Rede kam Linah J. Kilimo, die kenianische Innenministerin, zu mir und gratulierte. Sie erzählte mir, dass sie meine Bücher gelesen habe und ihre Töchter deshalb nicht hat beschneiden lassen. Sie wolle nun alles tun, um in Kenia dieses Verbrechen auszurotten.

Viele Vertreterinnen von Frauenorganisationen haben mich in ihre Länder eingeladen, und ein hochrangiger Imam aus Nairobi hat mir versichert, alles in seiner Macht Stehende zu tun, um die Muslime wissen zu lassen, dass FGM nicht im Koran empfohlen wird und den Muslimen verboten ist.

Am nächsten Tag haben viele Zeitungen in Afrika über meine Rede berichtet. Einige haben ihre Artikel – typisch Presse – mit Überschriften wie »James-Bond-Girl kämpft gegen weibliche Genitalverstümmelung« versehen. Aber egal, viele Menschen haben gelesen, was ich gesagt hatte, und ich hoffe, dass es auch viele Menschen beeinflusst hat.

Die Internationale Konferenz gegen weibliche Genitalverstümmelung in Nairobi war ein voller Erfolg. Ich traf viele Frauen aus ganz Afrika, die alle für ein Ende dieser Verbrechen an Mädchen kämpfen. Junge Frauen erzählten traurige Geschichten aus ihrer Vergangenheit, und oft war es hart für mich, zuzuhören, ohne in Tränen auszubrechen. Aber ich war stolz auf das Ergebnis dieser Konferenz, denn immerhin beschlossen einige afrikanische Staaten, weibliche Genitalverstümmelung zu beenden und sie zu verbieten. Kenia wagte den ersten Schritt und erkannte das Maputo-Protokoll an, ein wirksames Instrument zur Abschaffung von FGM. Kenia wurde in die Liste jener Länder aufgenommen, die Genitalverstümmelung an Frauen gesetzlich verbieten.

Mama, begreifst du, was ich sagen will? Hörst du meine Stimme? Kannst du verstehen, warum mir der Kampf gegen Genitalverstümmelung so wichtig ist? Ich bekämpfe keine Tradition, keine Religion, ich bekämpfe schon gar nicht dich und deine Ansicht. Aber ich setze meine ganze Kraft dafür ein, dass dieses grausame Ritual überall in der Welt verboten wird. Auch in meiner Heimat Somalia.

KAPITEL 4

In Mogadischu

Am nächsten Morgen standen erstmals Wolken am Himmel. Ich wurde früh munter und hüpfte aus dem Bett. Ich wollte keine Sekunde vergeuden. Vor mir lag das Gespräch mit Xasan, nach dem ich mich so lange gesehnt hatte. Endlich sollte ich mehr erfahren über meine Heimat Somalia.

Meine Nacht war traumlos gewesen; ich schlief tief und ruhig. Nach dem Streit mit Mutter war ich bald zu Bett gegangen. Der Zorn verrauchte rasch. Alles, was ich mir vorgenommen hatte, war schiefgegangen. Aber ich redete mir ein, dass es einfach nicht die passende Gelegenheit war, um mich mit Mutter auszusprechen. Sie war krank, schwach, verletzbar.

»In Wien werden wir mehr Zeit füreinander haben«, sagte ich zu mir. »Da werde ich Mama erklären können, was ich mache und was mir wichtig ist.«

Manchmal kann ich sehr naiv sein, wie ein kleines Kind.

Als ich die Treppen hinablief, ertappte ich mich dabei, dass ich ein Lied pfiff, eine alte somalische Weise. Ich steckte die Nase durch die Küchentür und entdeckte Xasan beim Frühstück. Ich setzte mich zu ihm und begann sofort, ihn mit meinen Fragen zu bombardieren.

»Wie sieht es in Somalia aus? Wie gefällt dir Mogadischu? Wie hast du Mama rausgebracht?«

Ich wollte über alles und jeden Bescheid wissen.

Xasan lächelte und machte zum Spaß eine abwehrende Handbewegung.

»Geduld, Geduld, ich erzähle dir alles, aber lass mich von vorne beginnen.«

Ich lehnte mich in meinem Sessel zurück und betrachtete Xasan. Er hatte ein jungenhaftes Gesicht und lange sehnige Finger, wie ich sie schon bei Klavierspielern gesehen hatte. Er war Mitte zwanzig, das wusste ich, aber er sah jünger aus. Ich malte mir aus, wie es ihm wohl in Mogadischu ergangen war.

»Weißt du«, begann Xasan. »Das Schlimmste war nicht die Zeit in Somalia, sondern die Reise dorthin. Ich habe schreckliche Flugangst, und ich musste all meine Kraft aufwenden, um nicht noch vor dem Start in Abu Dhabi aus dem Flugzeug zu laufen.«

Davon hatte ich keine Ahnung. Xasan schilderte mir, wie er stundenlang im Flieger saß und das Informationsblatt für Notfälle studierte, um sich abzulenken. Die Strichmännchen mit den aufblasbaren Schwimmwesten, die Zeichenerklärung – Xasan kannte jedes Detail und konnte jedes Wort auswendig aufsagen. Er krallte sich förmlich an dem Papier fest und versuchte sich einzureden: »Flugzeuge sind die sichersten Transportmittel, die es gibt.« Das half nicht viel, aber irgendwann auf der letzten Etappe seiner Reise überkam ihn doch die Müdigkeit. Als das Flugzeug endlich nach fast zwanzigstündiger Reise zur Landung auf der staubigen Piste des Petrella-Flughafens in der Nähe von Mogadischu aufsetzte, war er eingeschlafen.

Draußen auf der Gangway schlug ihm die Hitze von über dreißig Grad entgegen. Xasan hatte kaum Gepäck bei sich. Nur das Notwendigste an Kleidung und Wasser.

Die Einreise ging schnell. Es dauerte nur wenige Minuten,

und schon stand er ohne jegliche Passkontrolle vor dem schäbigen Flughafengebäude. Manche Reisende mussten ihre Pässe und Reisedokumente abgeben. Xasan wurde durchgewinkt.

Wer die Männer hinter dem Schalter waren, ließ sich schwer sagen, denn eine Behörde für die Einreise gibt es schon seit Jahrzehnten nicht mehr. Seit das Militärregime zusammengebrochen ist, existiert zwar eine Regierung mit Ministern, aber diese Männer haben weder ein Büro noch einen Sekretär. Und vor allem haben sie keine Macht. Somalia wird in Wahrheit von einigen Warlords beherrscht, die mit ihren Privatarmeen die Menschen terrorisieren oder für eine »funktionierende« Anarchie sorgen. Wie man es eben sehen will.

* * *

Mama,
ich habe dir von meiner Reise nach Kenia erzählt, wo ich zu einem Kongress über Genitalverstümmelung eingeladen war. Ich bin noch ein paar Tage länger geblieben, als der Kongress bereits zu Ende war. Ich mochte nicht gleich nach Europa zurück. Ich hatte eine plötzliche Sehnsucht nach »Mama Afrika«.
Nachdem ich etwa zehn Tage im Stanley Hotel gewohnt hatte, bekam ich überraschend Besuch. Du musst wissen: Das Stanley Hotel liegt nur einen Steinwurf von einem anderen Hotel entfernt, in dem sich der Sitz unserer somalischen Regierung befindet – unserer Regierung, die in Somalia gewählt wurde und die sich nun nicht in das eigene Land zurücktraut.
Kenianische Politiker sagten mir, dass man die Somalier bald rauswerfen möchte, weil Kenia die Hotel- und Verpflegungskosten für sie nicht mehr länger bezahlen wollte.

Eines Abends kamen Abgesandte von Mitgliedern der somalischen Regierung in mein Hotel und luden mich zu einem Treffen mit ihnen ein. Ich fühlte mich zuerst geschmeichelt, habe dann aber abgelehnt. Ich will nicht von Politikern für ihre Propaganda benutzt werden.
Waris Dirie, eines der bekanntesten Gesichter Afrikas, damit schmückt man sich gerne. Leider passiert mir das in meinem Leben immer öfter.

* * *

Das nächste Bild, das Xasan von meiner Heimat zu sehen bekam, war ebenso irreal wie bizarr. Vor dem Flughafen standen Dutzende großer Jeeps und Pick-ups, vor denen jeweils mehrere schwerbewaffnete Somalis herumlungerten. Sie warteten auf die wenigen Ankommenden. Die Männer mit ihren Maschinenpistolen sahen aus, als wären sie einem amerikanischen Kriegsfilm entsprungen. Die Söldner erledigen in Somalia zwei Arten von Jobs. Sie transportieren einen von A nach B. Und sie sorgen gleichzeitig für den persönlichen Begleitschutz. Ohne angemietete bewaffnete Privatsheriffs überlebt man in diesem Land nicht lange.

»Es war ein Taxistand der besonderen Art«, schmunzelte Xasan.

Er sprach kurz mit den Männern. Sie wurden ziemlich schnell handelseinig. Xasan musste im Voraus bezahlen und drückte dem Anführer, einem Mann mit Goldzahn und riesigem Vierkantschädel, ein Bündel Dollarscheine in die Hand. Der kombinierte Beförderungs- und Security-Dienst war gebucht.

Die Männer ließen Xasan hinten einsteigen und beachteten ihn nicht weiter. Einer bot ihm eine Zigarette an, die er dankend ablehnte. Dafür rauchten die Maschinengewehr-Männer umso mehr, und es stellte sich bald heraus, dass es eine Tabak-Kat-Mischung war. Die momentan beliebteste Droge in Mogadischu und Umgebung.

Kat ist ein Wirkstoff, der in Betelblättern enthalten ist. Das Rauschmittel ist vor allem im Jemen und am Horn von Afrika weit verbreitet und besonders bei Männern äußerst begehrt. Kat hat je nach Dosierung eine unterschiedliche Wirkung. Nimmt man wenig davon, hat es einen stimulierenden, aufputschenden Effekt, konsumiert man mehr, wird man schläfrig.

Menschen auf Kat sind unberechenbar und gefährlich. Als Xasan einen der jungen Männer fragte, ob sein Maschinengewehr auch funktioniere, feuerte der Söldner grinsend eine ohrenbetäubende Salve in den Himmel. Dann legte er das Maschinengewehr an und schoss so lange auf ein Straßenschild, bis es umkippte. »Das stört hier niemanden«, sagte der Privatsoldat. »Die Straßen sind neutrale Zone, das haben die Warlords so vereinbart.«

Nach diesem Vorfall – so Xasans Schilderung – verkroch er sich noch tiefer in den Sitz des laut krachenden Jeeps, der die Straßen entlangraste, so gut es die Schlaglöcher eben zuließen.

Mehrmals musste der Wagen an Straßensperren anhalten, die von schwerbewaffneten Milizsoldaten gesichert wurden. Aber nach einem kurzen Wortwechsel zwischen den Männern ging es rasch weiter. Der Security-Dienst hatte seinen Obolus an den jeweils zuständigen Warlord schon im Vorhinein entrichtet. Am Flughafen mietet man den Fahrdienst »all inclusive«.

* * *

Als mir Xasan die Geschichte mit den Privatsheriffs erzählte, musste ich an meine Erlebnisse in Frankreich denken, Mama. Wenige Wochen bevor mich Mohammeds Anruf erreichte und er mir von deiner Krankheit berichtete, war ich in Paris, um eine starke Frau zu treffen. Sie stammt ebenso wie ich aus Somalia, ihr Name ist Ayaan Hirsi Ali. Sie kämpft wie ich gegen Genitalverstümmelung, aber Ayaan geht in ihrem Kampf noch viel weiter. Sie kritisiert die Unterdrückung der Frauen in der muslimischen Gesellschaft und die Interpretationen des Korans, die diese Unterdrückung rechtfertigen sollen. Ayaan ist dadurch in große Schwierigkeiten gekommen. Sie gilt nun als eine der meistgefährdeten Frauen in Europa.

Mama, es war gespenstisch. Ich wusste, dass es Drohungen gegeben hat und dass Ayaan in ständiger Angst lebt. Aber ich hatte keine Ahnung davon, wie sehr sie um ihr Leben fürchten muss und welche Auswirkungen dies auf ihren Alltag hat.

Ich war mit Ayaan in einem kleinen Restaurant in St.-Germain-des-Prés verabredet. Das ist mein Lieblingsbezirk in Paris, in dem ich schon in meiner Zeit als Model beinahe zwei Jahre gewohnt habe. Es war kein gewöhnliches Treffen. Ich kam zu Fuß aus einem Pariser Musikstudio. Ich hatte dort mit Bafing Kul, einem Freund aus Mali, das Lied »Little Girls From Africa« aufgenommen. Es war früh am Nachmittag und ein wunderschöner Spätsommertag in Paris.

Schon als ich in die Nähe des Restaurants kam, wurde die Stimmung äußerst merkwürdig. Es waren kaum Menschen auf der Straße – und das mitten im belebten Paris –, und die wenigen Menschen sahen fast alle gleich aus: dunkle, elegante Kleidung, Sonnenbrille, Kurzhaarschnitt, alles Männer. Ich brauchte einige Zeit, um zu merken, was hier vor sich ging. In der Umgebung des Restaurants wimmelte es nur so von Polizisten in Zivil.

Ich bezog das zunächst gar nicht auf mich. Erst als ich das Restaurant erreichte, ging mir allmählich ein Licht auf. Denn das Lokal war von Spezialeinheiten der holländischen und französischen Polizei gesperrt, die Ayaan rund um die Uhr bewachen. Am Restauranteingang musste ich ein Codewort nennen und wurde dann an einer Reihe von Leibwächtern und Polizisten vorbei zu Ayaan geleitet. Sie saß ganz allein an einem großen Tisch und strahlte über das ganze Gesicht. Wir umarmten uns, obwohl wir uns noch nie zuvor gesehen hatten, und begannen zu reden und hörten die nächsten Stunden nicht mehr damit auf.
Ayaan stammt aus Mogadischu. Sie ist eine zierliche Frau mit einem hübschen Gesicht. Wenn man ihr Leben kennt, wundert man sich freilich, dass ihr Vorname auf Somali »Glück« oder »glücklicher Mensch« bedeutet. Sie ist etwa so alt wie ich, hat schwarzes, kräftiges Haar. Ich glaube, sie sieht mir sogar ein bisschen ähnlich.
Ayaan hat auch eine sehr traumatische Kindheit hinter sich. Als sie fünf Jahre alt war, wurde sie auf Veranlassung der Großmutter genital verstümmelt. Mit ihrer Familie flüchtete sie später auf abenteuerliche Weise nach Saudi-Arabien, Äthiopien und schließlich nach Kenia. In Nairobi besuchte sie eine strenge Mädchenschule, trug Kopftuch und Schleier, wurde traditionell erzogen. Im Alter von zweiundzwanzig Jahren sollte Ayaan mit einem Cousin in Kanada verheiratet werden, den sie nicht einmal kannte.
Sie flüchtete in die Niederlande und beantragte dort Asyl. Später bekam sie die niederländische Staatsbürgerschaft, arbeitete als Übersetzerin und studierte parallel dazu Politologie. Dann wurde sie Politikerin.
Ayaan ist ähnlich wie ich. Geradeheraus, sie nimmt selten ein Blatt vor den Mund. Sie kritisiert die islamische Kultur oft sehr hart. Sie geißelt Zwangsheirat, Genitalverstümmelung,

aber auch die verfehlte Einwanderungspolitik der niederländischen Regierung. 2002 kam die erste Morddrohung.

In einem Beitrag für eine Zeitung sagte sie 2003 über den Propheten Mohammed: »Gemessen an unseren westlichen Maßstäben ist er ein perverser Mann. Ein Tyrann.«

Ein Jahr später drehte sie zusammen mit dem Regisseur Theo van Gogh einen Kurzfilm mit dem Titel »Unterwerfung«. Der Film behandelt die untergeordnete Stellung der Frau im Islam. Hirsi Ali schrieb das Drehbuch und sprach den Kommentar aus dem Off. Vier Frauen berichten von erlittenen Misshandlungen. Man sieht fast nackte Frauenkörper, die mit fünf Suren aus dem Koran beschrieben sind, die Ayaans Meinung nach dazu dienen, Gewalt gegen Frauen zu legitimieren.

Am 2. November 2004 wurde Theo van Gogh auf offener Straße ermordet. Der Täter hinterließ auf dem Körper seines Opfers einen Brief, der an Hirsi Ali gerichtet war und in dem sie ebenfalls mit dem Tod bedroht wurde.

»Ich hatte Angst, du würdest mich nicht treffen wollen, weil ich den Islam kritisiere«, sagte Ayaan gleich am Anfang unseres Treffens. Sie wirkte kleiner, zerbrechlicher, als ich sie mir vorgestellt hatte.

»Nein«, sagte ich, »ich kenne die katastrophale Situation der islamischen Frauen nur zu gut aus eigener schmerzvoller Erfahrung, ich weiß, wovon du redest und was du anprangerst.«

Vieles in unserem Gespräch erinnerte mich an meine eigene Geschichte, vieles war so ähnlich und doch so verschieden. Ich stimme mit Ayaan nicht in allen Dingen überein, aber sie muss das Recht haben, ihre Meinung und ihre Sicht der Dinge darstellen zu können.

Ein Journalist nannte uns die »Galionsfiguren« der afrikanischen Frauenbewegungen. Ich weiß nicht, ob das für mich stimmt. Aber Ayaan ist eine so starke, so mutige Frau. Sie

hat ein klares Ziel vor Augen und ist eine mitreißende Rednerin.
Mama, ich habe mittlerweile viele muslimische Frauen getroffen, die Menschen wie Ayaan und mich als Vorbilder sehen, als mutige Wegbereiterinnen für eine bessere, gerechtere Welt für Musliminnen. Als Afrikanerinnen, die vorleben, wie moderne afrikanische Frauen sein sollten: selbstbewusst, stark, ihrer Tradition und Herkunft verpflichtet – die das Schicksal nicht als gottgegeben, unveränderlich ansehen.
Ich hoffe, es gibt bald mehr Frauen wie Ayaan Hirsi.

* * *

Xasan hatte bemerkt, dass ich für eine kurze Weile unaufmerksam war.

»Langweile ich dich?«, fragte er und rührte in seiner Tasse Tee.

»Nein, nein«, beeilte ich mich zu sagen und erzählte ihm die Geschichte von Ayaan Hirsi und meinem Treffen mit ihr in Paris. Xasan hörte gespannt zu, stellte hin und wieder eine Frage. Dann fuhr er fort, mir seine Eindrücke von der Fahrt vom Flughafen ins Zentrum von Mogadischu zu schildern.

Mogadischu ist eine der ältesten Siedlungen Afrikas südlich der Sahara. Als Xasan erzählte, musste ich daran denken, wie es war, als ich Mogadischu zum ersten Mal zu Gesicht bekam. Ich war damals knapp dreizehn Jahre alt und auf der Flucht. Es roch nach Indischem Ozean und Stadt. Ich staunte über das Gewimmel der Menschen, über die wunderbaren Märkte, die Moscheen mit ihren bis in den Himmel ragenden Minaretten, über die alten italienischen Paläste.

Müde und alt schien mir die Stadt schon damals. Die Armeen vieler Jahrhunderte hatten ihre Spuren hinterlassen. Erst kamen die Araber, die Ländereien erwarben, um gute Geschäfte zu machen und den Islam zu verbreiten. Dann folgten die Italiener, die Russen und schließlich die US-Amerikaner. Cowboys, die in ihren gepanzerten Fahrzeugen durch Mogadischu patrouillierten – immer den Finger am Abzug. Eine gefährliche Sache in einer Stadt, in der jeder Jugendliche auf dem Schwarzmarkt schon für schlappe sechs Dollar eine Waffe kaufen kann.

Dieses Mal waren keine Menschen auf den Straßen, durch die Xasan fuhr. Die Häuser sahen alle leer und zerschossen aus. Es muss ein trauriger Anblick gewesen sein.

»›Hier musst du raus‹, sagte plötzlich einer der Söldner«, berichtete Xasan weiter, »und er zog mich sanft, aber bestimmt aus dem Jeep. Die Patrouille war in einem namenlosen Teil der Stadt gelandet. ›Da ist dein Hotel. Wir holen dich morgen hier um acht Uhr früh ab.‹«

Die Hoteldiener, die somalische Wickelröcke trugen, schnappten sich sofort seine Tasche. Xasan sah sich um. Das Gebäude, vor dem er stand, muss einmal eine schöne Herberge im italienischen Kolonialstil gewesen sein – bevor der Bürgerkrieg seine Spuren hinterließ. Was mehr auffiel, war ein Schild neben dem Eingang: »Das Tragen von Waffen ist strengstens verboten« – auf Somali, Arabisch, Italienisch und Englisch. Ich musste lachen, als Xasan davon erzählte. In Europa und in den USA wird man auf Schildern aufgefordert, nicht zu rauchen, kein Eis zu essen oder keinen Müll auf den Boden zu werfen. In meiner Heimat Somalia hingegen gibt es Schilder, die einen freundlich ersuchen, keine Attentate zu begehen.

Xasan war hundemüde. Der lange Flug, die Fahrt im Jeep, die vielen Eindrücke. Er nahm nur noch wie durch einen Nebel wahr, wie ihm ein Hotelangestellter im Zimmer die Fernbedienung seines TV-Gerätes erklärte. Von der Straße waren Gewehrsalven zu hören, aber auch daran gewöhnt man sich schnell. Ich weiß das.

Der Hoteldiener entschied sich, auf dem Fernseher eine Art somalische Seifenoper einzustellen. Nachdem Xasan ihm ein Trinkgeld in die Hand gedrückt hatte, war er schnell weg. Das Zimmer war spärlich eingerichtet. Es gab nichts weiter als ein Nachtkästchen mit Lampe, ein Bett mit einem olivgrünen Überzug, ein Waschbecken, Handtücher, eine Schüssel und einen Krug.

Nachdem er sich notdürftig gewaschen hatte, wollte sich Xasan schlafen legen. Aber da meldete sich sein leerer Magen, und er machte sich noch einmal auf den Weg in die Hotellobby.

Dort traf er die junge Somalierin, Amal, wieder, die er bei seiner Ankunft im Hotel kennengelernt hatte. Und schon sprachen sie miteinander fast wie alte Freunde, die sich nach Jahren wiedersehen. Er hatte ihr erzählt, dass er meine kranke Mutter, »die Mutter von Waris Dirie«, abholen würde. Wie sich herausstellte, stammte die junge Frau aus derselben Gegend wie ich. Auch sie war einmal als Nomadin durch die Wüste gezogen. Bis sie verheiratet wurde.

Sie hätte Glück gehabt mit ihrem fleißigen Mann, erzählte Amal. Sie arbeitete im Hotel als Mädchen für alles und wohnte mit ihren vier Kindern gleich um die Ecke.

»Ich wollte mir Fisch bestellen«, berichtete Xasan, »aber sie riet mir ab. Viele bekämen vom Fisch Bauchschmerzen. Das müsse wohl daran liegen, dass das Meer so schmutzig sei, weil große Schiffe vor unseren Küsten einfach ihren Müll abladen. Also entschied ich mich für Nudeln mit Gemüse.«

Xasan hatte Amal auch über das Leben in Somalia befragt.

»Die Frauen arbeiten viel«, erzählte er mir. »Daran hat sich nichts geändert. Das Geld, das ihr Mann ihr schickt, und das

Geld, das ihr die Arbeit hier im Hotel bringt, reichen nicht aus, um sich und die Kinder durchzubringen. Um das Schulgeld für die Kinder zusammenzubekommen, arbeitet sie noch zusätzlich als Kat-Verkäuferin auf dem Markt.«

Kat, ein Thema, um das man offenbar in Somalia nicht herumkommt. Es ist so allgegenwärtig wie die Geckos an den Wänden. Männer kaufen und kauen das Zeug, Frauen handeln damit. Die frischen Zweige werden aus Kenia oder Äthiopien eingeführt. Kat wird dort auf großen Flächen im Hochland angebaut und kann ganzjährig geerntet werden. In Somalia wächst Kat kaum.

Der Strauch wird frühmorgens geschnitten, weil die berauschenden Substanzen sehr hitzeempfindlich sind. Die Katblätter werden, um kühl zu bleiben, sofort nach der Ernte in größere Blätter eingerollt. Zu Mittag werden die Bündel auf den Märkten in ganz Somalia verkauft. Am Nachmittag liegt das halbe Land im kollektiven Kat-Rausch.

Berauscht zu sein ist selbstverständlich Männersache.

»Ich weiß«, sagte ich genervt zu Xasan, »in Somalia erzählt man sich folgende Geschichte: Im elften Jahrhundert hatte ein Muslim aus Abessinien vor einem jemenitischen König die wundersamen Eigenschaften dieser Pflanze gepriesen. ›Es zügelt den Appetit auf Essen, Trinken und die Fleischeslust‹, versprach er dem Monarchen. Worauf dieser geantwortet haben soll: ›Und welches Vergnügen soll mir auf Erden jetzt noch bleiben außer diesen? Bei Allah, ich werde diese Pflanze niemals essen, denn ich verwende all mein Tun nur auf diese drei Dinge.‹«

Nicht jeder Muslim war also von Beginn an von dieser Pflanze überzeugt. Mich widerten die von Kat geschwärzten Zähne schon immer richtiggehend an. Fast jeder Mann, der hier sein Lächeln zeigt, hat von der bitteren Sucht schwarze Zähne. Alles dreht sich nur noch um den Erwerb von Kat.

Die Männer haben sich in die Abhängigkeit dieser Droge begeben, sie essen nicht mehr, vernachlässigen ihre Körperhygiene, vernachlässigen ihre Arbeit. Dafür sind katsüchtige Männer leicht reizbar und neigen dazu, ihre Frauen brutal zu verprügeln.

»Wir haben auch über dich gesprochen, Waris«, sagte Xasan. »Ich habe ihr erklärt, dass du Bücher schreibst und Vorträge hältst. Sie hat mich verständnislos angeschaut. ›Und davon kann man leben?‹, fragte sie erstaunt.«

»Ja, und man kann mit dem verdienten Geld sogar anderen helfen«, habe ich geantwortet. »Waris klärt Menschen über die grausame Praxis der Genitalverstümmelung auf.«

Amal meinte auch, dass es gut gewesen sei, dass ich nicht nach Somalia gereist war. Wer hier in der Öffentlichkeit über das Thema Genitalverstümmelung spreche, spiele mit seinem Leben. Sie würden mich sofort umbringen, äußerte sie Xasan gegenüber.

Das einzige Gesetz, dass derzeit in Somalia gelte, sei die Scharia – ein islamischer Geistlicher spreche sein Urteil, Dieben würde die Hand abgehackt, untreue Frauen würden gesteinigt. Es seien die einzigen Regeln, auf die man sich noch verlassen könne. Aber viele gottlose Menschen lösten ihre Probleme mit Waffengewalt, denn bewaffnet seien in Somalia alle, nicht nur die Clanmilizen.

* * *

Als ich die Arbeit an meinem letzten Buch, Schmerzenskinder, *beendet hatte, kam ich auf die Idee, eine Internetseite einzurichten. Du hast wahrscheinlich schon davon gehört, Mama, dass es auf der Welt Millionen Computer gibt. Vor ein paar Jahren wurde etwas erfunden, was alle diese Computer miteinander verbindet: das Internet. Jetzt können Menschen, wo immer sie auch sind, miteinander über das Internet und ihren Computer in Kontakt treten.*

In Schmerzenskinder *beschreibe ich das Schicksal genital verstümmelter Mädchen in Europa. Es war unbefriedigend für mich, dass sich die Opfer nicht direkt an mich wenden konnten. Also eröffneten wir als »Waris Dirie Foundation« eine Internetseite. Wer immer mir etwas schreiben wollte, konnte mich nun auf diesem Weg erreichen.*

Ich war selbst erstaunt, wie viele von diesem Angebot Gebrauch machten. Schon in den ersten Tagen war unser Gästebuch rappelvoll, viele versprachen, uns zu unterstützen, oder wünschten uns einfach nur Glück.

Sehr schnell erhielten wir auch offene Briefe und E-Mails, in denen uns Opfer von Genitalverstümmelungen, aber auch von Zwangsheirat oder häuslicher Gewalt ihre Erlebnisse schilderten.

Mama, mit meinen Mitarbeitern habe ich vor kurzem den Jahresbericht der Waris Dirie Foundation erstellt. Mehr als 12 000 Menschen haben sich im letzten Jahr an uns gewandt, stell dir vor. 12 000 Menschen haben sich ihren Kummer von der Seele geschrieben. Sie haben einer Frau, die sie nicht wirklich kennen und noch nie persönlich getroffen haben, ihr Herz ausgeschüttet. Die Schicksale sind bedrückend, aber dass so viele Opfer ihren Weg zu mir fanden, macht mich gleichzeitig stolz.

Ich habe allen geantwortet.

Ich habe ein Manifest gegen Genitalverstümmelung geschrieben, das man solidarisch mit unterzeichnen kann. 25 000 Menschen haben dieses Manifest bereits unterschrieben. Ich will, dass noch viel mehr dies tun – die ganze Welt soll es unterschreiben!

Besonders freut mich, dass sich so viele Schülerinnen und Studentinnen für dieses Thema interessieren. Schon 4000 sind weltweit als meine »Botschafterinnen« unterwegs, sie halten Vorträge in ihren Schulen, an Universitäten, vor Vereinen und interessierten Gruppen. Sie plakatieren mein Manifest und schreiben an Zeitungen, mehr über dieses Thema zu berichten.

Mama, wir haben erreicht, dass Gesetze geändert worden sind, sich Politiker mit diesem Thema beschäftigen, dass viel mehr Ärzte sich mit diesem Thema auseinandersetzen. In den letzten zwei Jahren habe ich mehr als zweihundert Interviews auf der ganzen Welt gegeben, um auf diesen Kampf hinzuweisen. Aber das sind nur die ersten paar Schritte auf dem richtigen Weg.

Schade, dass du dich nicht dazu entschließen kannst, ihn gemeinsam mit mir zu gehen.

Mama, du hast mir vorgeworfen, dass ich keine Somalierin mehr sei. Ich würde unsere Traditionen verraten, unseren Glauben, ich würde denken und handeln wie eine Europäerin. Aber das stimmt nicht. Ich bleibe für alle Zeit mit meinem Geburtsland verbunden. Mehr noch: Ich kann jetzt Menschen aus meiner Heimat helfen, die in echte Not geraten sind.

Vor einiger Zeit kamen Somalis zu mir, die in Wien leben. Sie hatten eine Fotografie dabei. Das Bild zeigte ein kleines Mädchen mit schwarzen Haaren, vielleicht acht Jahre alt. Als ich mir das Foto genauer ansah, da schreckte ich zurück. Das Kind hatte einen Tumor im Unterbauch, so groß, wie ich noch nie zuvor einen gesehen hatte.

Die Somalis erzählten mir, dass dieses Krebsgeschwür auf der Vagina des Mädchens gewachsen sei. Es war klar, dass dieses Mädchen nur noch wenige Wochen zu leben hatte, wenn ihm nicht sofort geholfen würde.

Ich habe dir ja von meiner Stiftung erzählt, die inzwischen viel Gutes getan hat, Mama. Wir haben sofort finanzielle Hilfe für das Mädchen zugesagt, auch andere Organisationen haben versprochen, uns zu unterstützen. Die Österreicher sind sehr hilfsbereite Menschen.
Das Mädchen wurde mit einem Rettungstransport aus Somalia abgeholt. Der Vater kam mit. Bei der Aufnahme in einem speziellen Krankenhaus für Kinder in Wien war die Kleine mehr tot als lebendig. Ich besuchte das Mädchen jeden Tag, und ich habe versucht, ihm meine Kraft zu geben.
Ärzte aus Somalia haben mir gesagt, dass dies kein Einzelfall ist. Viele kleine Mädchen bekommen nach einer Genitalverstümmelung diese Art von bösartigem Tumor auf der Vagina. Das Gewebe beginnt zu wuchern. Nicht immer kommt rechtzeitig Hilfe.
Mama, ist das nicht ein weiterer Grund dafür, mit dieser sinnlosen Quälerei endlich aufzuhören?
Wie viele Mädchen müssen noch sterben?
Das Mädchen wurde erfolgreich behandelt. Der Tumor verschwand, in den kleinen Körper kehrten Kraft und Lebensfreude zurück. Ich habe die Kleine aus den Augen verloren, aber ich bin überzeugt davon, dass es ihr heute gutgeht.
Es hat sich unter den Somalis herumgesprochen – du weißt schon: die »afrikanischen Trommeln« –, dass ich mit meiner Stiftung immer wieder Familien und einzelne Menschen unterstütze. Wir konnten inzwischen vielen Mädchen und Frauen helfen. Wir haben beraten, wir haben Geld gegeben, wir haben Ärzte und Krankenhäuser organisiert, wir haben Wege geebnet, weil es für Afrikaner nicht leicht ist, von einem Land zum anderen zu reisen. Es erfordert viel Kraft, sich diesen dramatischen Schicksalen zu stellen. Man erlebt viel Leid, man erfährt Rückschläge, man rennt gegen Mauern, und man erntet hin und wieder auch Undankbarkeit.

Aber das Ergebnis ist es wert. Das Gefühl, jemandem geholfen zu haben, ist mächtiger, als es Worte je beschreiben können.

* * *

Am nächsten Morgen wurde Xasan von dem skurrilen Security-Team wieder abgeholt. Der Wagen hielt vor dem Hotel, er stieg ein, und der Jeep brauste in einer Staubwolke davon.

»Erst da«, berichtete Xasan bewegt, »sah ich die zerbrechliche Frau, die auf dem Rücksitz kauerte. Ich muss dir gestehen, Waris, im ersten Augenblick habe ich gedacht, deine Mutter sei tot. Aber dann habe ich ihr Wimmern gehört. Ich war erleichtert. Seltsam, dass man sich darüber freut, jemanden wimmern zu hören.«

Dann ging alles sehr schnell. Die Söldner trieben den Fahrer mit eindeutigen Gesten zur Eile an. »Airport, Airport«, riefen sie immer und immer wieder. Dazu schwenkten sie ihre Gewehre und Pistolen.

Wurde die Lage brenzlig, oder hatten sie einen neuen Auftrag an der Angel? Xasan verspürte wenig Lust, danach zu fragen. Auch er wollte nur weg aus dem unsicheren Land.

* * *

Mama,
täglich sehe ich im Fernsehen schreckliche Bilder aus Somalia. Ich mache mir große Sorgen um dich und unsere Verwandten, die in Somalia leben. Nach sechzehn Jahren Bürgerkrieg muss es doch endlich ein Ende geben. Wie viel Blut ist schon

vergossen worden? Wie viele Mütter haben um ihre Kinder geweint? Wie viele Menschen haben in einem sinnlosen Krieg ihr Leben verloren? Wie viele Menschen leben vom Krieg verkrüppelt und seelisch zerstört in Somalia?

Ich habe viel über meine Heimat gelesen, ich weiß heute wesentlich mehr über unsere Geschichte als damals, als ich noch das Kamelmädchen in der Wüste war. Je mehr ich über unser Land in Erfahrung bringe, desto weniger verstehe ich diesen Bürgerkrieg. Die Stämme Somalias sind doch ein Volk – mit gleicher Sprache und gleicher Abstammung, wir sind Brüder und Schwestern.

Warum legt ihr die Waffen nicht nieder? Ihr habt die gleiche Kultur, ihr habt dieselbe Religion, den Islam. Ihr kämpft keinen Krieg gegen eine andere Religion, ihr kämpft keinen Krieg gegen ein anderes Land.

Ihr bekämpft euch nur gegenseitig innerhalb eurer Stämme und Familien! Euer Land gehört heute zu den ärmsten der Welt – allein durch diesen sinnlosen Bürgerkrieg. Ihr habt die Infrastruktur in eurem Land zerstört und damit auch eure Zukunft und die Zukunft eurer Kinder kaputtgemacht. Ihr habt untereinander Hass und Misstrauen gesät. Habt ihr euch schon einmal gefragt, welchen Sinn das alles hat?

Somalia ist kein dichtbesiedeltes Land. Es ist Platz für alle da. Nur ein kleiner Teil der landwirtschaftlich nutzbaren Flächen wird heute bewirtschaftet. Fast neunzig Prozent liegen durch den Bürgerkrieg brach. Wir haben Bodenschätze, aber nur wenig davon kann verwertet werden, weil niemand in einem Bürgerkriegsland investieren will und kann. Nur ein kleiner Teil unserer langen Küste wird von uns für den Fischfang genutzt, aus ebendiesem Grund. Niemand in Somalia müsste Hunger leiden!

Ihr wohnt in einem Land, in dem jeder im Wohlstand leben könnte. Der erste Schritt in diese Richtung heißt Frieden.

Der Friede beginnt in euren Herzen. Vergesst euren sinnlosen Krieg, vergesst eure Waffen, vergesst euren Hass – dann wird euch die Zukunft gehören!

* * *

Ich hatte mehrere Stunden lang mit Xasan in der Küche gesessen und seinen Schilderungen zugehört. »Danke«, sagte ich nach einer Weile leise zu ihm. »Danke, dass du mir geholfen hast. Das werde ich dir nie vergessen.«

»Du brauchst dich nicht bei mir zu bedanken«, antwortete Xasan mit sanfter Stimme und griff nach meinem Arm. »Wir Somalis müssen doch zusammenhalten.«

Am nächsten Tag gab uns der Arzt grünes Licht für die Weiterreise. »Eure Mutter ist jetzt stark genug, dass ihr sie nach Wien bringen könnt.«

Ich war selig. In Wien war alles für die Behandlung meiner Mutter vorbereitet. Und ich hoffte darauf, mich nach ihrer Genesung endlich mit ihr aussprechen zu können. Aber dann passierte etwas, womit ich nicht gerechnet hatte.

Kapitel 5

Die Operation

Reisedokumente sind wie der Schlüssel zu einem Tresor. Überall auf der Welt. Mit den passenden Papieren in der Hand bist zu wer, ohne sie bist du niemand. Die Arabischen Emirate hätten meine Mutter um keinen Preis der Welt in ihr Land gelassen. Nur weil sie ein Einreisevisum für Österreich vorweisen konnte, war alles kein Problem gewesen. Jetzt, wo wir das Land verlassen wollten, ging alles blitzschnell. Der Beamte sah nicht einmal auf, sondern starrte auf die weiße Tischplatte vor sich, als könnte dort im nächsten Augenblick etwas Weltbewegendes passieren.

Meine Mutter war eigentlich zu gebrechlich, um selbst zu gehen. Aber ihr Stolz verbot es ihr, mehr Hilfe in Anspruch zu nehmen als unbedingt nötig. Ich spürte sofort, dass sie den Weg ins Flugzeug möglichst allein antreten wollte. Als sie sich einmal kurz auf mich stützte, da merkte ich erst, wie mager sie immer noch war. Ich erschrak. Es dauerte einige Zeit, bis sich Mama zum Flugzeugsitz geschleppt hatte. Mit einem deutlich hörbaren Stöhnen ließ sie sich in den Sessel am Fenster fallen. Sie schenkte mir noch ein wortloses Lächeln, um Sekunden danach einzunicken.

Ein Glück, denn es gab Computerprobleme, wir mussten

fast zwei Stunden lang im vollbesetzten Flugzeug warten, ehe wir starten konnten.

Als wir endlich abhoben, hielt ich ihre Hand. Sie bekam es nicht mit. Ich musste mich nach vorne beugen, um aus dem Fenster sehen zu können. Wir ließen Abu Dhabi mit seinen unzähligen Glaspalästen, den Betonburgen und den vielen Baumaschinen, die noch mehr Fortschritt bringen sollten, schnell hinter uns. Unten sah ich noch einmal den Indischen Ozean und bizarre Küstenlinien, dann wechselte die Landschaft in die typische Wüstenstimmung mit Sanddünen und Elefantenherden. Am Horizont sah ich, wie die Sonne unterging. Ein blutroter Ball voller Energie und Melancholie.

In mir keimte Hoffnung. Ich war fest davon überzeugt, dass es Mutter bald bessergehen würde. Ich betete in diesem Augenblick zu Allah, dass er ihr die Kraft geben möge. Auch für mich bat ich um Kraft, denn ich wollte mich mit ihr aussprechen, sobald es ihr wieder besserging. Ich wollte ihr endlich zeigen, was aus dem kleinen störrischen Mädchen Waris geworden war, das damals davonlief, weil es keinen Greis heiraten wollte.

»Bei mir daheim wirst du erkennen, wer ich bin«, murmelte ich vor mich hin.

Wir landeten mit Verspätung, aber was machte das schon.

Sie spielten Mozart, wie immer, so scheint mir, wenn man in Wien aufsetzt. Das Flugzeug war schon fast menschenleer, als ich endlich aufstand, um das Handgepäck aus der Ablage zu nehmen. Mama schlief immer noch. Während des gesamten Fluges hatte sie kaum einen Laut von sich gegeben, nicht einmal auf die Toilette wollte sie gehen. Es schoss mir durch den Kopf, wie es mir damals bei meinem ersten Flug von Mogadischu nach London ergangen war. So etwas wie eine Flugzeugtoilette hatte ich noch nie zuvor in meinem Leben gesehen. Ich wusste nicht, was man anstellen sollte mit dem

Wasserhahn, dem Papierspender, der Toilettenspülung. Ich stand da wie ein kleines Mädchen vor einem hell erleuchteten Weihnachtsbaum und staunte.

»Soll ich dich auf die Toilette begleiten?«, hatte ich von Zeit zu Zeit gefragt, aber nur ein mattes »Nein« als Antwort erhalten. Dann war Mutters Schlaf immer tiefer und fester geworden. Von Zeit zu Zeit hatte ich mich über sie gebeugt, nur um sicherzugehen, dass sie noch atmete.

Dabei konnte ich ihr Gesicht betrachten. Es war immer noch schön. Nicht mehr ganz so mädchenhaft, wie ich es in Erinnerung hatte, aber auf eine unwiderstehliche, natürliche Art prachtvoll und strahlend. Allein die Krankheit hatte tiefe Furchen gezogen. Die Haut wirkte zerbrechlich dünn, auch auf den Armen und Beinen.

Als wir in Wien angekommen waren, traute ich mich kaum, ihre Hand zu berühren, um sie sanft zu wecken. Ich wollte jede Sekunde dieses kostbaren Schlafes bewahren helfen. Also wartete ich eine Weile im Stehen. Meine kleine Reisetasche stellte ich auf einem der verlassenen Sitze ab. Ich spürte die Blicke der Stewardessen, die mich musterten. Aber sie hatten nicht den Mut, uns zur Eile zu drängen. Schließlich wurde Mutter munter.

»Sind wir jetzt da?«

Ihre Stimme klang wie die eines nörgelnden Kindes nach drei Stunden monotoner Fahrt auf einer Autobahn.

»Ja, Mama, wir sind bei mir daheim in Wien«, antwortete ich.

»Seltsam«, sagte ich zu mir selbst, »wie schnell sich die Dinge doch ändern. Bis vor kurzem war ich noch ein heimatloser Flüchtling. Und jetzt spreche ich schon von meinem Wien.«

Mama kam nur mit Mühe aus dem Flugzeugsessel hoch. Als sie sich aufrichten wollte, begann sie zu schwanken, und es dauerte eine kurze Weile, ehe sie Halt gefunden hatte. Ich marschierte voran zum Ausgang, die Reisetasche in der Hand. An der Tür erwarteten uns die Stewardessen. Unser wackeliger Gänsemarsch, den sie schon eine Weile durch den leeren Gang beobachten konnten, hatte sie offenbar dazu veranlasst, am Ausgang einen Rollstuhl für meine Mutter bereitzustellen. Aber Mama machte nur eine verächtliche, wegwerfende Geste und hakte sich bei mir unter. So schlurften wir weiter, so rasch wir eben konnten.

Die neue Welt – meine Mutter wollte sie aufrecht gehend betreten. Erst als die Stewardessen außer Reichweite waren, begann sie wieder zu wimmern.

Das wenige Gepäck, das wir mit uns führten, hatte ich schnell auf einem Rollwagen transportfertig gemacht, während Mama auf einer Bank wartete. Wir tasteten uns schließlich Schritt für Schritt in die Ankunftshalle. Mutter machte plötzlich einen sehr wachen Eindruck. Ich konnte sehen, dass ihr die ganze Sache nicht wirklich geheuer war.

Sie hatte gewiss noch nie in ihrem Leben so viele weiße Menschen auf einem Haufen gesehen. Eine Gruppe von Mädchen erkannte mich in dem Augenblick, als wir gerade das Flughafengebäude verlassen wollten, und stürmte auf mich zu, um Autogramme zu bekommen.

»Was wollen diese Frauen von dir?«, fragte mich Mutter erschrocken.

»Nichts weiter. Nur meine Unterschrift«, antwortete ich geduldig.

»Bist du ihnen vielleicht Geld schuldig? Gib ihnen ja nicht deine Adresse.«

Mama war schon immer in ihrem Denken praktisch veranlagt gewesen. Dennoch konnte ich mir ein Schmunzeln nicht verkneifen.

»Mama, die wollen doch nur meine Unterschrift als Erinnerung an mich und daran, dass sie mich getroffen haben.«

Sie schüttelte nur ungläubig den Kopf und murmelte: »Seltsames Land.«

Der nächste Schock erwartete uns hinter der Glastür. Es war bitterkalt in Wien. Seit ich die Stadt verlassen hatte, war der Winter ins Land gezogen. Ein eisiger Wind pfiff uns entgegen, als uns Walter vor dem Flughafengebäude in Empfang nahm. Er hatte fürsorglich lange, warme Mäntel und dicke Winterstiefel für uns beide mitgebracht. Walter legte mir den Mantel um, ich half Mutter in ihren. Dann begrüßten wir uns etwas umständlich, dafür aber wie immer sehr herzlich.

Mit den weichen Moonboots und den Wintermänteln sahen wir aus wie zwei Pinguine. Wir gaben ein kurioses Bild ab. Walter ist ein höflicher Mann mit guten Manieren. Er streckte Mama mit einem Kopfnicken die Hand entgegen und wollte ihr gleich beim Einsteigen ins Auto helfen. Doch was machte meine Mutter? Sie nahm den Schal, wickelte ihn um ihre rechte Hand und streckte sie Walter entgegen.

Walter blickte zwar etwas verdutzt drein, schüttelte aber artig die mit dem Schal umwickelte Hand und lächelte freundlich, während er ein paar auswendiggelernte Begrüßungsworte auf Somali stammelte. Ich schaute Mama fragend an, aber sie zog nur die Schulter hoch. Also fasste ich meine Empörung in Worte.

»Warum machst du das, Mama? Walter ist doch unser Freund.«

»Du stellst dumme Fragen, Mädchen. Ich habe noch nie einem weißen Menschen die Hand gegeben, denn es ist doch bekannt, dass man dann die ›weiße Krankheit‹ bekommen kann und selbst ganz weiß wird.«

Ich wusste im ersten Moment nicht, ob ich lachen oder weinen sollte, aber Mutters Gesichtsausdruck verriet mir, dass es ihr bitterernst war mit dem, was sie sagte. Da stand sie also wieder vor mir, meine afrikanische Tradition, starrköpfig wie eh und je.

In den folgenden Wochen sollte ich noch mehr Kostproben davon zu spüren bekommen.

Wir fuhren vom Flughafen schnurstracks ins Krankenhaus. Mutter kauerte neben mir, ihr Kopf verschwand fast in dem mitgebrachten dicken Wintermantel. Wir passierten zunächst eine große Industrieanlage, die riesige Türme aus weißem Rauch in die Luft blies. Dann sahen wir die ersten Häuser, die immer näher aneinanderrückten, je länger wir fuhren. Wir brauchten eine Dreiviertelstunde, um vom Flughafen ins Krankenhaus zu gelangen. Mutter starrte die ganze Zeit über vor sich auf den Boden, von Wien und seiner Umgebung nahm sie kaum etwas wahr. Vielleicht hätte ich da schon ahnen können, dass sie meine Liebe zu dieser Stadt niemals teilen würde.

Damals dachte ich noch: »Gut, du bist zu schwach, um aufmerksam zu sein.« Aber in ihrem Blick steckte auch etwas Feindseliges. Eben am Flughafen war sie noch forsch und bestimmt gewesen, jetzt war da wieder diese ungeheure Zerbrechlichkeit. Ich machte ihre Krankheit dafür verantwortlich.

Walter stellte tausend Fragen. Er spürte die Spannungen, die aufkamen, und wollte die Stimmung auflockern.

»Wie war die Reise? Hat alles geklappt? Wie ist es dir bei deiner Schwester ergangen?«

Die Antworten kamen einsilbig oder gar nicht. Ich mochte nicht reden, und Mama konnte und wollte nichts sagen.

»Wann wird Mutter operiert?«, das war das Einzige, was mich in diesem Moment interessierte.

»Der Chefarzt persönlich wird deine Mutter sofort untersuchen, wenn wir da sind«, antwortete Walter. »Danach wird ein Termin festgelegt.«

Da Joanna schon alle Formalitäten erledigt hatte, ging es im Krankenhaus ziemlich schnell. Wer mit mir zu tun hat, weiß, dass ich Papierkram hasse.

Das Krankenhaus stellte meiner Mutter ein Einzelzimmer zur Verfügung. Eine Schwester half ihr beim Umziehen. Die Reise und die neue Umgebung hatten Mama erschöpft. Sie lag lange still im Bett und versuchte, Kraft zu sammeln. Ich blieb die ganze Zeit und hielt ihr die Hand wie einem kleinen Kind. Ich spürte, dass sie Angst hatte. Sobald ein Pfleger, eine Krankenschwester oder ein Arzt das Zimmer betrat, beruhigte ich sie und versuchte zu erklären, was in diesem und jenem Moment passieren würde und warum das alles gut und wichtig sei.

»Mama, die wissen hier ganz genau, was sie tun.«

Mutter sprach die ganze Zeit über kein Wort. Meist sah sie mich mit großen Augen an. Es war alles so fremd für sie, aber sie fasste langsam Vertrauen und ließ alles mit sich geschehen. Als wir nach den ersten Untersuchungen endlich allein waren, machte sie das erste Mal im Krankenhaus den Mund auf. Die Stimme war zittrig.

»Waris, bitte bete mit mir.«

Ich nahm ihre Hand, blickte noch einmal auf die über ihrem Bett baumelnde tropfende Infusionsflasche und senkte danach mein Haupt zum Gebet. Als Mama die ersten Sätze auf Arabisch sprach, merkte ich, wie mir die Tränen in die Augen stiegen.

Mutter schlief sieben Stunden lang. Draußen begann es zu schneien. Ich stellte mich ans Fenster. Wenn man ins Licht der Straßenlaternen blickte, konnte man sehen, wie dicht der Schneefall inzwischen war. Meine Blicke tanzten mit Wind und Schnee, bis mich ein tiefer Seufzer aus meinen Gedanken riss. Ich blickte zum Bett. Mutters Augen waren geschlossen. Sie schlief immer noch tief und fest. War es ein Seufzer der Erleichterung oder des Schmerzes? Ich wusste es nicht.

Im Krankenzimmer war es gespenstisch düster, nur die Lampe über dem Bett spendete schummriges Licht. Vom Gang drangen manchmal Gesprächsfetzen an mein Ohr, ich hörte Schritte, die näher kamen und sich entfernten, einmal fiel etwas mit einem lauten Knall zu Boden. Mutter lag da wie aufgebahrt und rührte sich nicht. Ich versuchte abzuschätzen, wie viele Kilo sie abgenommen hatte. Ich war Zeit meines Lebens dünn, aber nie so dürr und ausgemergelt wie Mutter jetzt. Ich musste an meine Modelzeit denken und wie leicht es mir fiel, meine Figur zu halten. Ich musste nie hungern. Aber diese Zeit liegt auch zehn Jahre zurück. Eine Ewigkeit.

* * *

Liebe Mama,
ich muss dir unbedingt von einer Reise nach Italien berichten, auf der ich etwas Unglaubliches erlebt habe. Du weißt ja, dass ich seit gut zehn Jahren nichts mehr mit der Mode- und Modelszene zu tun habe. Eines Tages machte es »klick«, und mir fiel es wie Schuppen von den Augen.
»Waris, was tust du hier eigentlich?«, fragte ich mich selbst. »Kann es Sinn und Zweck deines Lebens sein, fotografiert zu werden oder mit einem Zahnpastalächeln Laufstege auf und ab zu trippeln? Ist es das, weswegen du aus Somalia geflüchtet bist?«
Am Beginn meiner Karriere war Modeln alles für mich. Die bewundernden Blicke, die Anerkennung, die mir in meinem früheren Leben nicht zuteil geworden waren – das alles stärkte mein Selbstvertrauen. Doch als ich sah, wie oberflächlich diese Welt tatsächlich ist, platzte alles wie eine Seifenblase.

Von da an lehnte ich alle Angebote ab, nochmals als Model zu arbeiten.
Eines Tages rief mich ein Freund aus früheren Jahren an, der italienische Designer Gianfranco Ferré. Er lud mich ein, an einer Modenschau in Rom teilzunehmen. Gianfranco gilt als einer der letzten »Modeschöpfer«, für die dieser Ausdruck noch Gültigkeit hat. Er versucht, Frauen im wahrsten Sinn des Wortes kunstvoll anzuziehen.
Aber Gianfranco ist zugleich auch ein guter Mensch. Er unterstützt zahlreiche Organisationen und Hilfsprojekte. Er erklärte mir am Telefon, was er mit mir vorhatte: »Rai Uno, die größte Fernsehstation in Italien, plant einen Abend mit den sogenannten »großen Vier« der italienischen Modebranche: Valentino, Giorgio Armani, Donatella Versace und eben mir. Jeder Modeschöpfer soll seine neueste Kollektion vorstellen und einen Stargast präsentieren.«
»Die Sendung ›Una notte a Roma‹ wird live zur abendlichen Hauptsendezeit ausgestrahlt, und ganz Italien wird zusehen«, schilderte Gianfranco weiter. »Denn wir vier sind seit mehr als zwanzig Jahren nicht mehr gemeinsam aufgetreten. Jedem von uns wird eine Redezeit zur Verfügung gestellt, in der er seine Arbeit vorstellen kann. Ich werde dich vorstellen, Waris. Du bekommst meine Redezeit, um vor einem Millionenpublikum deine Kampagne und deine Stiftung bekannt zu machen.«
Das überzeugte mich, und ich sagte zu.
Gianfranco ist für seine Großzügigkeit bekannt. Ich flog mit Joanna erster Klasse nach Rom. Ich wurde wie eine Königin vom Flughafen abgeholt und bewohnte eine Suite in Roms bester Herberge, dem berühmten »Hassler Hotel«.
Am Nachmittag wurde für die Gala geprobt. Ich war gut aufgelegt und musste mir eingestehen, dass es Spaß machte, nach so vielen Jahren wieder Modelluft zu schnuppern.

Während einer Pause sagte ich zu Joanna: »Komm, lass uns in die Garderobe gehen, ich möchte sehen, ob ich noch einige der Models von früher kenne.«

Rai Uno hatte aus der ganzen Welt Topmodels für diese Gala einfliegen lassen. Eine Assistentin des Produktionsleiters brachte uns in die Garderobe. Sie öffnete die Tür, und für einen Augenblick war ich sprachlos. Vor mir stand eine ungeschminkte junge Frau, die aussah, als ob sie gerade einer Hungersnot in Afrika entkommen sei. Ihre Haut war dünn wie Pergament, spannte sich über ihre Schulter-, Hüft- und Backenknochen. Ihre Kniegelenke und Ellbogen traten gespenstisch hervor.

Im ersten Augenblick dachte ich, dass die Frau krank sei und ebenfalls als Ehrengast eines Modeschöpfers ein wichtiges Anliegen präsentieren würde. Vielleicht sollte auf spektakuläre Weise auf den Welthunger aufmerksam gemacht werden. Doch dann sah ich die anderen Mädchen: alle bis auf Haut und Knochen abgemagert. Es war schockierend.

Diese Mädchen waren also die Topmodels von heute. Ich hatte solche Geschöpfe in meiner Zeit auf dem Laufsteg nie gesehen. Ja, wir sollten auch schlank sein, aber das, was ich hier sah, konnte ich nicht glauben. Die Mädchen wirkten auf mich, als wären sie dem Tod näher als dem Leben!

Mama, in welcher perversen Welt leben wir? In Afrika sind zweihundertvierzig Millionen Menschen vom Hungertod bedroht. Sie haben nicht genug zu essen und zu trinken.

Und was passiert hier, in der Welt der Satten? Hier gilt dramatisches Untergewicht als Schönheitsideal.

Junge Frauen, kaum mehr als Haut und Knochen, werden von den Modefirmen als »Vorbilder« auf Laufstege und in Fotostudios geschickt.

Du wirst es nicht glauben, Mama, aber immer mehr junge Frauen in Europa leiden an einer Krankheit, die sich Ma-

gersucht nennt. Viele Mädchen versuchen, diese armen Geschöpfe, die sich Models nennen, nachzuahmen. Sie essen oft nicht mehr als einen Apfel oder eine Tomate am Tag. Manche nehmen mehrere Tage überhaupt keine feste Nahrung zu sich, trinken Spülmittel, um zu erbrechen, was sie gegessen haben, schlucken Tabletten, die sie noch dünner machen sollen. Und immer öfter gehen diese Nachahmungsversuche tödlich aus.
Mama, als ich als Model gearbeitet habe, hat es oft harte Jobs gegeben. Ich musste zum Beispiel für einen Werbespot auf einem wilden Stier reiten und habe mich dabei ziemlich böse verletzt. Aber Hunger leiden, das mussten wir nicht.
Gianfranco Ferré war mit seiner Show der Höhepunkt des Abends, und ich durfte, wie versprochen, meine Stiftung und meine Kampagne gegen Genitalverstümmelung vorstellen. Viele Menschen in Italien haben mich danach auf meine Arbeit angesprochen. Der Anblick der verhungerten Models ging mir dabei nicht aus dem Kopf.

* * *

Die Tür zum Krankenzimmer ging auf, und ein Arzt kam herein. Er setzte sich neben mich. In ruhigem Englisch versuchte er mich davon zu überzeugen, dass ich die Nacht über nicht hierbleiben müsse. Im ersten Moment wehrte ich mich, doch schnell machte sich in mir ein Gefühl der Erleichterung breit. Endlich schlafen. Ich konnte mich gar nicht mehr erinnern, wann ich zum letzten Mal entspannt in einem richtigen Bett geschlafen hatte.

Außerdem hatte ich das Gefühl, dass meine Mutter in den besten Händen war. Also schlich ich leise aus dem Zimmer, ging hinaus auf die Straße und ließ mich von einem Taxi in meine Wiener Wohnung bringen.

Und so sahen die nächsten Tage aus: Ich kam am Morgen ins Krankenhaus, blieb den ganzen Tag über an Mutters Bett, versuchte zu helfen, Mut zu spenden oder einfach nur zu unterhalten. Spätabends verließ ich das Krankenhaus. In der ganzen Zeit schneite es viel, und auf dem Weg zum Krankenhaus und zurück in meine Wohnung war der Schneefall mein ständiger Begleiter.

Wir beteten oft in dieser Zeit. Meine Mutter ist eine strenggläubige Muslima, fast immer hält sie ihren islamischen Rosenkranz in den Händen. Ein muslimischer Rosenkranz besteht aus dreiunddreißig Perlen, und man zupft in drei Durchgängen neunundneunzig Perlen, entsprechend den neunundneunzig Anrufungen Allahs. Zu jeder Perle spricht man eine Anrufung, aber immer dieselbe, eine einzige, die man aus den neunundneunzig Anrufungen ausgewählt hat. Oft wird die gewählte Anrufung wie ein persönliches Geheimnis gewahrt.

Der islamische Glaube sagt: Wer die neunundneunzig Namen Allahs kennt, kommt ins Paradies. Der hundertste Name Allahs bleibt für die Menschen unbekannt und unaussprechbar. Im Volksmund heißt es darüber hinaus, dass nur das Kamel den hundertsten Namen Allahs kenne und es aufgrund dieses Wissens einen so stolzen Blick habe. Allah kann von keinem menschlichen Verstand erfasst werden und ist größer als unsere Vernunft. Er beherrscht alles, regiert alles, lenkt alles und ist der absolute »Kontrolleur des Alls«.

Die Ärzte im Krankenhaus untersuchten meine Mutter gründlich, und sie fanden die Ursache für die Schmerzen sehr schnell. Ein Ultraschall brachte letzte Gewissheit: Meine Mutter litt an Gallensteinen, die rasende Schmerzen verursachen können, die bis zur Schulter ausstrahlen. Man bekommt

Krämpfe, die mehrere Minuten dauern können, aber auch drei Stunden lang.

Als ich die Diagnose hörte, konnte ich sie fast nicht glauben. »Was für eine Lappalie«, dachte ich.

Wer in Europa oder in den USA Gallensteine bekommt, wird in kurzer Zeit von seinen Schmerzen befreit. Meine Mutter musste durch die Hölle gehen, weil es in der Wüste kein Krankenhaus in Reichweite gibt, keinen Arzt, den man einfach anruft. Oft fehlt auch das Geld für die Behandlung im Krankenhaus.

Die gute Nachricht war, dass sich Gallensteine relativ einfach durch eine kleine Operation entfernen lassen. Nachdem die Ärzte den Grund für das Leiden gefunden hatten, nahmen sie mich beiseite. Sie erklärten mir den Eingriff in aller Ruhe, es gäbe nur ein geringes Risiko.

»Alles Routine«, sagten sie.

Trotzdem war ich sehr nervös.

Ich ging zum Bett meiner Mutter und erzählte ihr, was die Untersuchungen ergeben hatten.

»Das werden wohl die Steine sein, auf denen ich manchmal vor Hunger herumnage«, sagte sie mit Bestimmtheit. »Wenn sie mir die rausholen, will ich sie sofort haben.«

Ich versprach, mich darum zu kümmern. Ich hatte keine Ahnung, warum meine Mutter die Steine unbedingt in Händen halten wollte, aber ich mochte auch nicht fragen. Vielleicht wollte sie die Gallensteine daheim als Trophäe zeigen, sie aus Aberglauben bei sich behalten oder aber auch nur sichergehen, dass ihr die weißen Ärzte nicht das Blaue vom Himmel erzählten.

Die Operation war in Windeseile erledigt. Die Ärzte mussten nicht einmal den Bauch aufschneiden. Der Eingriff wurde über die Speiseröhre gemacht, wie man mir erklärte. Erholung sei nun das Wichtigste, versicherte mir der behandelnde Mediziner. Er sah mich an und merkte wohl, dass ich mich vor lauter Müdigkeit kaum mehr auf den Beinen halten konnte. Durch all die Aufregung hatte ich auch vergessen, etwas zu essen.

»Soll ich Ihnen einen Kaffee bringen?«.

Ich lehnte dankend ab. Ich wollte so rasch wie möglich nach Hause.

»Könnten Sie mir bitte nur die Steine bringen, die Sie meiner Mutter herausoperiert haben?«

Es dauerte keine zehn Minuten, und der Arzt kehrte zurück. In der Hand hielt er fünf mittelgroße Steine. Ich weiß bis heute nicht, ob das wirklich die Gallensteine meiner Mutter waren oder einfach Kieselsteine aus dem Krankenhausgarten. Es kümmerte mich damals so wenig wie heute. Mir war allein wichtig, dass es meiner Mutter wieder besserging.

Ich huschte leise ins Krankenzimmer, blickte in ihr Gesicht. Sie atmete tief, schlief ganz friedlich. Ich griff nach Schal, Mütze und Mantel und verließ das Krankenhaus.

Auf der Straße war es kalt und merkwürdig still. Die gewaltigen Schneemengen dämpften die Geräusche der Autos. Ich machte mich auf die Suche nach einem Taxi, aber ich fand keines.

»Merkwürdig«, dachte ich, »normalerweise umschwirren Taxis doch die Krankenhäuser wie die Motten das Licht.«

Ich spürte den aufkommenden Ärger, schluckte ihn aber hinunter und beschloss, zu Fuß zu gehen. Ich kannte mich in Wien inzwischen ganz gut aus und wusste, in welche Richtung ich marschieren musste. Nach einigen Minuten war mein Ärger verflogen. Die frische Luft wirkte befreiend auf mich. Zudem wuchs in mir die Zuversicht, dass die Dinge jetzt in Ordnung kämen. Ich nahm mir fest vor, mich mit Mutter endlich auszusprechen. Ich fand die Gelegenheit günstig. Sie hatte jetzt gesehen, dass ich meinen Platz in der neuen Welt gefunden habe. Ich hatte sie nach Wien gebracht und sie von ihren Schmerzen befreit. Ich fühlte so etwas wie Stolz, und vielleicht erwartete ich auch ein wenig Dankbarkeit. Aber das Leben ist eben oft kein Wunschkonzert.

Meine knirschenden Schritte im Schnee ließen mich die Kälte rasch vergessen. Durch die Bewegung wurde mir warm. Ich bekam Lust zu tanzen. Glücklicherweise war bei diesem Wetter sonst niemand auf der Straße, vermutlich hätten mich Leute, die mich beobachteten, für verrückt erklärt. Ich fegte durch den Schnee, bis mir schwindlig wurde und ich mich auf eine Bank setzen musste.

Es war kurz vor Mitternacht, die Stadt kam langsam zur Ruhe. Ich versuchte, meinen Atem wieder unter Kontrolle zu bringen, dabei kramte ich in der Tasche nach meinem Handy. Vielleicht sollte ich im Krankenhaus anrufen und fragen, ob meine Mutter in der Zwischenzeit aufgewacht sei. Ich zog den rechten Handschuh aus, um die Nummer besser eintippen zu können, als ich bemerkte, dass ich den Zettel mit der Telefonnummer offenbar im Krankenhaus hatte liegenlassen.

Inzwischen war mir wieder kalt. Ich sehnte mich nach Licht und wärmenden Sonnenstrahlen. Ich dachte an Bafing Kul, diesen hochtalentierten jungen Musiker aus Mali, den ich durch meine Freundin Linda Weil-Curiel in Paris kennengelernt hatte. Er war in seiner Heimat ein bekannter Sänger, seine Lieder handelten von Armut, Ausbeutung, Kindersoldaten und Frauenrechten. Seine Songs wurden im Radio gespielt, und die Menschen freuten sich, wenn er in ihren Dörfern auftrat.

Das änderte sich, als er ein Lied gegen weibliche Genitalverstümmelung schrieb. Kein Radiosender wollte den Song spielen, Bafing wurde boykottiert und bedroht. Er musste aus Mali fliehen. Wäre es nicht so ernst, man könnte lauthals darüber lachen. Ein Mann, der Afrika verlassen musste, weil er gegen weibliche Genitalverstümmelung kämpfte.

Bafing Kul flüchtete nach Frankreich und lernte Linda Weil-Curiel kennen, eine mutige und kluge Anwältin im Kampf gegen weibliche Genitalverstümmelung. Linda half ihm, finanziell zu überleben. Sie sorgte dafür, dass Bafing in Frankreich wieder als Musiker arbeiten konnte. Im Studio entstand später auch der Song »Little Girls from Africa«, den ich sehr mag und den Bafing gemeinsam mit mir aufgenommen hat.

Ich summte das Lied, als ich bemerkte, dass ich das Handy noch immer in der Hand hielt. Ich tippte die Nummer eines Taxifahrers ein, den ich gut kannte. Wenige Minuten später war er da und brachte mich nach Hause.

Während der Fahrt blickte ich aus dem Fenster.

»Was für eine wunderschöne Stadt Wien doch ist, vor allem in der Vorweihnachtszeit«, sagte ich mehr zu mir als zum Taxifahrer.

Ich liebe die Helligkeit und das Licht. Jetzt in den Wochen vor Weihnachten strahlte und glitzerte Wien wie sonst zu keiner Zeit des Jahres. Wir fuhren die Landesgerichtsstraße entlang. Ich wischte mit der linken Hand die Scheibe des Autos frei und schaute in die Josefstädter Straße. Wie in einem riesigen Wohnzimmer hingen mehrere Meter große Kronleuchter über der Straße und tauchten sie in blaues Licht. Ein Liebespaar drückte sich in einen Hauseingang. Wir bogen erst rechts, dann links ab und landeten auf der Ringstraße. Der Adventskalender auf dem Rathaus strahlte mit den Glühlampen des Weihnachtsmarktes um die Wette. Die letzten Besucher der Punschhütten vergruben sich in ihren Mänteln. Am Tag ist Wien in der Zeit vor Weihnachten hektisch und laut, aber jetzt am späten Abend war die Stadt wunderschön stimmungsvoll.

In dieser Nacht schlief ich so gut wie schon lange nicht mehr. Die Strapazen der letzten Zeit hatten mich an den Rand der totalen Erschöpfung getrieben. Jetzt, da ich wusste, dass es meiner Mutter im Krankenhaus wieder besserging, fühlte ich mich erleichtert, als wäre eine schwere Last von mir genommen. Dabei hatte ich kaum mehr als ein paar Sätze mit ihr gesprochen. Ich hoffte auf den nächsten Tag.

Ich erwachte um halb acht. Draußen wurde es gerade hell. Ich blickte aus dem Fenster. Es war zu befürchten, dass mich auch an diesem Tag kein Sonnenstrahl erreichen würde. Es schneite weiterhin stark. Ich ging in die Küche und brühte mir einen Kardamomtee.

So gut ich die Stadt zu kennen glaube, in manchen Dingen bleibt sie mir immer noch ein Rätsel. Jeden Winter schneit es hier, und trotzdem erleben dies die Menschen jedes Mal neu als Überraschung. Das kommt mir so vor, als würden wir uns darüber wundern, dass es in der Wüste sandig ist.

Ich hatte am Vorabend mit dem Taxifahrer vereinbart, dass er mich von der Wohnungstür abholen sollte. Tatsächlich stand er mit seinem weißen Mercedes pünktlich da, als ich – unpünktlich wie immer – auf die Straße trat. Er wirkte genervt, aber nicht, weil ich zu spät gekommen war, sondern weil es an diesem Wintertag in Wien offenbar kein Weiterkommen gab. Und wenn, dann nur unter heftigem Fluchen.

Die Hektik war in die Stadt zurückgekehrt. Überall sah man vollbepackte, grimmig aussehende Menschen, die in Geschäfte liefen oder schimpfend zur Seite hüpften, um den Schneespritzern der Autos zu entgehen.

Wir brauchten eine Stunde bis zum Krankenhaus, normalerweise schafften wir das in der Hälfte der Zeit. Einer der Ärzte kam mir winkend auf dem Gang entgegen. Er begrüßte mich freundlich und führte mich in Mutters Zimmer. Sie hatte die Augen offen, aber ihr Blick machte mir im ersten Moment Angst.

Ich ging ans Bett, nahm einen Stuhl und setzte mich. Ich konnte spüren, dass Mama noch ermattet war.

»Wie geht es dir?«, fragte ich sanft.

»Ich weiß es nicht.«

Wie schon so oft hatte ich den Eindruck, dass unser Gespräch bereits wieder zu Ende war, bevor es überhaupt begonnen hatte.

»Hast du Hunger?«, fragte ich weiter.

Sie schüttelte den Kopf.

»Durst?«

Ich reichte ihr den lauwarmen Kamillentee, der auf dem Nachtschränkchen neben dem Bett stand. Dann sprang ich auf und ging zum Fenster. Wut und Zorn stiegen in mir hoch. Diese ewige Sprachlosigkeit zwischen uns beiden. In mir hatte sich so viel aufgestaut in all den Jahren, dass ich drohte, daran zu ersticken. Und alles, was ich von Mutter geboten bekam, waren Einsilbigkeit oder Schweigen.

Ich wollte so viel loswerden, aber in diesem Moment konnte ich es nicht. Ich hatte einfach nicht die Kraft dazu. Ich stellte den Tee wieder zurück auf das Nachtschränkchen. Eine Zeitlang fiel kein Wort.

Dann fragte Mutter plötzlich: »Ist es vorbei?«

»Ja, Mama, alles vorbei.«

»Wo ist die Narbe? Ich will sie sehen.«

»Es gibt keine Narbe, Mama.«

»Keine Narbe?«

»Nein, man hat dir die Steine durch deine Speiseröhre herausgezogen, fünf Stück.«

»Lass sie mich sehen. Die Steine, ich will die Steine sehen.«

Mutter war ganz aufgeregt, ihr Kopf glühte. Ich öffnete die Schublade des Nachtkästchens und fingerte die Steine heraus, die mir der Arzt am Tag zuvor übergeben hatte.

Sie nahm sie in die Hand und betrachtete jeden einzelnen mit Hingabe.

»Und die waren da drin?«

Sie zeigte auf ihren Bauch, und ich nickte.

»Ungefähr dort.«

»Ich werde diese Steine als Glücksbringer und als Erinnerung immer um meinen Hals tragen«, sagte sie mit Bestimmtheit in der Stimme.

»Ich besorge dir eine Halskette mit einem kleinen Lederbeutel«, versprach ich.

Als ich am nächsten Tag wiederkam, ging es Mutter deutlich besser. Ich merkte es schon, als ich das Zimmer betrat. Sie hatte dieses spezielle Gesicht aufgesetzt. Mama ist eben auch eine sehr humorvolle Frau. Sie sagt oft Dinge, bei denen man lachen muss, und dann bekommt sie einen besonderen Gesichtsausdruck, wie ein kleines Kind, das Schabernack getrieben hat. Aber sie kann auch zynisch sein und mit ihrem »Humor« Menschen verletzen.

Ich setzte mich neben ihr Bett. Vielleicht hatte ich erwartet, dass mir Mutter über den Kopf strich, so wie sie es getan hatte, als ich noch ein Kind war. Vielleicht wollte ich nur ein paar Worte des Dankes hören. Aber nichts passierte.

Ich war grenzenlos enttäuscht. In den letzten Wochen hatte ich Himmel und Hölle in Bewegung gesetzt, um Mama zu helfen, hatte sie aus Somalia geholt, ihr die beste Behandlung organisiert. Aber jetzt hörte ich kein »Danke«, kein Lob, ich bekam keine Anerkennung.

»Warum trägst du keine Röcke mehr?«, fragte Mutter plötzlich.

Ich verstand den Sinn der Frage nicht sofort.

»Was meist du damit, Mama?«

»Was soll ich schon damit meinen? Seit wir uns wiedergesehen haben, hast du immer nur diese blauen Hosen getragen. Das gehört sich nicht für eine Frau.«

Ich besah meine Kleidung. Wenn ich keine öffentlichen Auftritte habe, mag ich es gerne einfach. Ich trage dann meistens Jeans, T-Shirt und Pullover. In Abu Dhabi, im Flugzeug hatte ich es so bequemer. Als wir wieder in Wien waren, hielt ich es für Zeitverschwendung, nach Kleidung zu suchen. Ich wollte möglichst schnell raus aus der Wohnung und ins Krankenhaus zu meiner Mutter. Also griff ich nach dem, was herumlag. Jeans und T-Shirt eben.

»Mama, so ist es einfach angenehmer für mich.«

»Aber es gehört sich nicht für eine Frau«, wiederholte sie.

Mama trägt immer traditionelle somalische Kleidung, bunte Tücher, Sandalen. Auch hier in Wien.

Ich war den Tränen nahe.

»Mama, nach so vielen Jahren sehen wir uns das erste Mal wieder, und du hast nichts anderes mit mir zu besprechen als meine Kleidung«, schoss es aus mir heraus.

»Es ist nicht deine Kleidung allein, Waris«, antwortete meine Mutter. »Es ist, was deine Kleidung ausdrückt. Du sagst dich damit von deiner Heimat, deinen Wurzeln los. Wir alle tragen somalische Kleidung – daheim und in der Fremde. Du nicht. Wir zeigen mit Stolz, was wir sind und woher wir kommen. Du schämst dich dafür.«

»Aber das stimmt doch nicht«, antwortete ich aufgebracht. »Ich bin stolz, Somalierin zu sein. Alles, wogegen ich mich wehre, ist diese Rückständigkeit, diese Verbohrtheit. In Somalia, in ganz Afrika werden Frauen behandelt wie der letzte Dreck. Und das Schlimmste von allem ist, dass auch Frauen dieses System verteidigen. Frauen wie du, Mutter.«

»Wie kannst du es wagen, so mit mir zu reden?«

Mutter hatte sich inzwischen im Bett aufgesetzt und sah mir geradewegs in die Augen.

»Ich bin deine Mutter. Ich habe dich großgezogen und immer gut behandelt.«

»Mama, begreifst du denn nicht? Wenn sich die Frauen in Afrika nicht ändern und endlich wehren, dann wird das ewig so weitergehen. Wir werden immer unterdrückt werden. Dieses ewige Leiden. In Afrika sterben jedes Jahr 600 000 Frauen während der Schwangerschaft oder an den Folgen der Geburt, jede Minute eine. Mädchen sind weniger wert als Jungen, sie werden als Babys weniger gefüttert und medizinisch schlechter betreut. Unsere Töchter heiraten nicht, wen sie lieben, sondern denjenigen, der ihren Vätern das meiste Geld bringt. Viele werden von ihren Männern mit Aids angesteckt. Die Schuld für die Erkrankung wird dann aber den Frauen zugeschoben.«

Mutter hatte die Hand gehoben wie ein Kind, das sich vor Schlägen schützen will.

»Ich möchte das alles nicht hören, Waris. So sind eben unsere Traditionen. Du trittst unsere Sitten mit Füßen. Du bist undankbar. Wir haben dich unter großen Mühen und Entbehrungen in der Wüste großgezogen. Dir ist es immer gutgegangen, und jetzt spuckst du auf mich und auf meine Familie.«

Jetzt konnte ich mich nicht mehr zurückhalten.

»Wie kannst du vergessen, was mir als Kind angetan worden ist, an jenem Morgen? Du bist mit mir ein Stück weit von unseren Hütten weggegangen, weißt du nicht mehr, Mutter? Es war noch ganz früh. Die Beschneiderin hatte schon auf mich gewartet. Dieselbe, die schon meine älteren Schwestern ›gemacht‹ hatte. Sie hatte eine Rasierklinge in der Hand und griff mir sofort zwischen die Beine. Du hast mir ein Stück

Wurzel zwischen die Zähne geschoben, weil du Angst hattest, dass ich mir vor lauter Schmerz die Zunge abbeiße. Dann spuckte die Beschneiderin auf die Rasierklinge. ›Sei tapfer und brav, Waris‹, hast du zu mir gesagt, ›dann hast du es bald hinter dir.‹ Aber ich wollte nicht tapfer und brav sein. Ich will es bis zum heutigen Tag nicht. Der unbeschreibliche Schmerz, die Tage danach, als ich dem Tod näher war als dem Leben. Ich kann das nicht beiseitewischen, vergessen. Ich denke täglich daran, bis heute.«

»Aber jedes Mädchen muss ›gemacht werden‹«, unterbrach mich meine Mutter. »Das ist unsere Tradition, das schreibt die Religion vor, das ist Allahs Wille.«

»Nein, das ist es nicht. Kein Gott der Welt kann so grausam sein, so etwas zu wollen.«

»Ich weiß, wie weh es tut, Waris. Ich bin selber beschnitten, so wie deine Großmutter, deren Mutter, alle deine Schwestern und Vorfahren. Es tut weh, aber es macht uns Frauen auch stark. Nach einiger Zeit, wenn die Wunden verheilt sind, fühlt man sich als vollwertige Frau, als vollwertiges Mitglied der Gemeinschaft.«

»Die Wunden verheilen nie, Mama.«

Ich war aufgesprungen.

»Dieser Morgen in der Wüste hat tiefe Wunden in meiner Seele hinterlassen, die nicht heilen können. Er hat mein Leben beinahe zerstört.«

Ich hielt kurz inne, dann brach ich es aus mir heraus: »Er hat mich in den Alkohol getrieben. Wenn diese Wunde aufbricht, ich diese höllischen Schmerzen nicht mehr ertragen kann, dann beginne ich zu trinken. Ich wollte dir das schon so lange sagen, Mama, aber ich konnte nicht. Ich kann es auch jetzt nicht.«

Ich stürzte zur Tür hinaus, zornig und todtraurig zugleich. Im Gang des Krankenhauses drehten sich alle nach mir um.

Es kümmerte mich nicht. Ich ließ meinen Tränen freien Lauf. Alles musste raus, alles.

* * *

Es ist Zeit, dir das zu sagen, Mama. Seit vielen Jahren versucht der Teufel von mir Besitz zu ergreifen. Er will mich packen und zu sich in die Tiefe ziehen. Jedes Mal überlegt er sich eine neue List dafür. Er verkleidet sich, er verstellt seine Stimme, er taucht auf, wo man am wenigsten mit ihm rechnet. Er ist ein Meister im Tarnen und Täuschen. Der Teufel ist auch ein Gentleman. Er bietet Hilfe an, er hat ein offenes Ohr für alle Nöte, er ist zuvorkommend und höflich. Sehr spät erkennt man seine Absichten.

Auf den Bildern aus meiner Modelzeit sehe ich immer strahlend schön und stark aus. Aber das ist nicht deine echte Waris. Das ist nur das Gesicht, das sie der Welt von sich präsentiert. Wenn die Blitzlichter aus sind, dann fühle ich mich oft schwach, verletzlich und allein. Immer dann wittert der Teufel seine Chance. Er versucht, mich mit »bad water« zu verführen, so nenne ich den Alkohol. Er weiß um die Kraft und um die Versuchung. Er kennt die Wirkung auf mich genau. Ich kann und ich will nicht länger mit einem Selbstbetrug leben, mich nicht weiter selbst belügen. Mama, ich bin seit vielen Jahren krank. Es ist kein Leiden, das man mir auf den ersten Blick ansieht. Die Krankheit lässt sich auch nicht so ohne weiteres heilen, indem man Medikamente nimmt, sich ins Bett legt oder darauf wartet, dass die Natur einem die Last von den Schultern nimmt.

Ich weiß, dass es viele Menschen gibt, die ein ähnliches Problem haben wie ich. Vielleicht kann ich ihnen Mut machen,

sich einzugestehen, dass sie krank sind. Ehrlichkeit ist der erste und einzige Weg zur Gesundung. Deshalb trete ich hier vor dich hin und sage:
»Mama, ich bin alkoholkrank.«
Ich nehme alle Schlagzeilen der Welt in Kauf, um meine Seele von dem Druck zu befreien. Ja, ich, Waris Dirie, das Supermodel, die UN-Sonderbotschafterin, habe ein Alkoholproblem.
Als ich achtzehn war, kam ich das erste Mal mit »bad water« in Berührung. Ich war damals ein aufstrebendes Fotomodell. Ich bekam erste Aufträge von renommierten Modedesignern, die wichtigsten Fashion-Magazine der Welt wurden aufmerksam auf mich. Dann kam die Anfrage von Pirelli. Der italienische Reifenhersteller lässt jedes Jahr einen sehr exklusiven Kalender produzieren. Für ein Model ist es der Olymp, dafür fotografiert zu werden. Engagiert werden nur die besten Fotografen und die begehrtesten Models. Der Kalender geht nur an die wichtigsten, berühmtesten Menschen auf der ganzen Welt. Nun wurde ich für den »Pirelli« fotografiert.
Nachdem ich durch meine Fotos in dem Kalender zu einer kleinen Berühmtheit im Modelgeschäft emporgestiegen war, wurde ich immer häufiger zu Partys eingeladen. Ich ging hin, weil man interessante und wichtige Leute traf und weil auch das zum Modelgeschäft gehört: sehen und gesehen zu werden.
Eines Tages wurde ich von ein paar Bekannten zu einer Silvesterparty eingeladen. Ich erinnere mich, dass mir jemand etwas zu trinken anbot. Die Party war in vollem Gange. Alle waren gut drauf und hatten Spaß. Irgendjemand drückte mir ein Glas in die Hand, von dem ich einen Schluck nahm. Zunächst konnte ich den Geschmack nicht einordnen, weil das Getränk so auf der Zunge prickelte. Am ehesten erinnerte es mich an Apfelsaft. Jedenfalls empfand ich den Geschmack als

nicht übel und bestellte mir noch ein Glas. Erst viel später wurde mir klar, dass ich in eine Falle getappt war.
Das Schlimme war: Ich merkte nicht, was mit mir passierte. Als ich am nächsten Morgen erwachte, hatte ich Kopfschmerzen, aber ich schob es auf die stickige Luft auf der Party. Ich trank Unmengen Wasser und verschwendete keinen Gedanken mehr an die prickelnde Flüssigkeit vom Vorabend.
Der nächste Abend, die nächste Party. Die Szene wiederholte sich. So ging es einige Wochen. Ich verliebte mich richtiggehend in das Perlenwasser. Tagsüber freute ich mich schon auf das wohlige Gefühl am Abend. Mama, du weißt: Als ich von daheim weglief, war ich ein junges Ding, unerfahren im Leben. Ich konnte weder lesen noch schreiben, aber was viel schlimmer war, ich wusste so wenig über die Welt und ihre Gefahren, die mich erwarteten.
Einen Monat später buchte mich ein berühmter Fotograf zu einem Fotoshooting. Ich war sehr nervös und kam wie so oft zu spät.
Der Fotograf fluchte: »Beeil dich, ich hab nicht so viel Zeit!« Ich verschwand sofort in der Garderobe, um mich von der Visagistin schminken zu lassen. Ich kannte sie bereits von vorhergehenden Jobs.
»Hey, Waris, du bist aber heute verspannt!«, meinte sie. »Bleib locker, Mädchen, sonst kriegst du hier eine Menge Ärger.«
»Ja, ist schon gut, ich versuche, mich zu entspannen.«
Wir waren beinahe mit dem Make-up fertig, da brüllte der Fotograf: »Wo ist das verdammte Model?«
Ich zuckte zusammen und spürte, wie sich mein ganzer Körper verspannte. Die Visagistin bemerkte das natürlich.
»Waris, im Kühlschrank ist eine offene Flasche Champagner«, sagte sie. »Nimm ein Glas, das wird dich locker machen.«
»Aber ich trinke doch nicht«, erwiderte ich.

»Wir haben jetzt keine Zeit für Diskussionen. Nimm einen Schluck, und du wirst sehen, dass es einfacher geht.«
Sie brachte mir ein Glas, und ich leerte es in einem Zug. Tatsächlich fühlte ich mich danach befreit, lockerer, meine Verkrampfung schien sich gelöst zu haben, und wir machten tolle Fotos. So begann ein dunkles Kapitel in meinem Leben.
Tausende Mädchen auf der ganzen Welt wollen jedes Jahr Fotomodell werden. Sie sehen an den Kiosken die wunderschönen Zeitschriften mit den hübschen, jungen Gesichtern auf den Titelblättern. Sie lesen ständig über die vielen Reisen der Models. Heute New York, morgen Mailand, Paris oder London. Sie hören immer und immer wieder von den vielen Euros und Dollars, die sechzehn-, zwanzig-, vierundzwanzigjährige junge Frauen an einem Tag verdienen. Allein weil sie verführerisch aussehen und lieb lächeln. Schnell verdientes Geld. Ein Traum.
Aber Mama, das Modelgeschäft ist hart, sehr hart. Es gibt nur ganz wenige Mädchen, die es bis ganz nach oben schaffen und dort auch bleiben. Du brauchst eiserne Disziplin, du musst deinen Körper schinden und quälen. Tagtäglich wurden mir Pillen angeboten, die schlank machen, Alkohol und andere Drogen, die entspannen und den Druck nehmen sollten, Tabletten, die aufputschen und aufmuntern. Du kommst an diesen Dingen nicht vorbei. Ich habe viele Karrieren scheitern sehen.
Meine Modellaufbahn entwickelte sich damals raketenartig. Castings hier, Jobs da, Filmangebote, TV-Angebote, Modeaufnahmen. Jeder wollte mich haben. Ich war immer ausgebucht, immer auf Achse, ständig unter Strom.
Dieser Job hat viel mit Reisen zu tun. Oft musst du sehr früh aufstehen, häufig kommst du sehr spät ins Bett. Du wirst zum Teil einer Maschinerie.

Ich habe nie zu harten Drogen gegriffen, Mama. Aber mein Alkoholkonsum stieg beträchtlich. Ich begann, »bad water« als Allheilmittel einzusetzen.
Bekam ich meine Periode, die bei mir seit jeher schreckliche Schmerzen auslöst und mich oft zwei, drei Tage bewegungslos im Bett liegen lässt, begann ich mich selbst mit Alkohol zu behandeln.
Wenn ich allein im Hotelzimmer saß, bekam ich Heimweh, und ich dachte an meine Familie, an dich, Mama. Irgendwann öffnete ich dann die Minibar und kurierte mit dem Inhalt meinen Seelenschmerz.
Und manchmal, wenn die bösen Schatten aus meiner Kindheit über meinem Bett schwebten und ich mich wie so oft in dieser schrecklichen Situation meiner eigenen Beschneidung sah, dann tröstete ich mich mit Alkohol.
Ich war in einem Teufelskreis gefangen und bemerkte es nicht. Erst viel, viel später, als die Krankheit weit fortgeschritten war, musste ich mir eingestehen: »Waris, du hast ein Problem.«
Die Realität traf mich wie ein Keulenschlag. Jahrelang hatte ich das Gefühl, mit der Hilfe von Alkohol besser und besser zu werden. Die Droge nimmt dir die Fähigkeit, dich so zu sehen, wie du bist. Alles wird zum Spiel. Nichts zählt.
Eines Abends war ich bei einem Fotoshooting in Los Angeles. Der Tag war anstrengend. Nach den Aufnahmen wurde ich in mein Hotel gebracht. In wollte nur noch eines: schlafen gehen.
Tatsächlich fand ich mich am nächsten Abend in der Notaufnahme eines Krankenhauses wieder. Kompletter Filmriss. Vierundzwanzig Stunden wie weggeblasen aus meinem Gedächtnis. Das Erste, was ich sah, als ich aufwachte, war eine Nonne. Sie war um die fünfzig Jahre alt, hatte ein rundliches, freundliches Gesicht und war von Kopf bis Fuß in typischer schwarz-weißer Nonnentracht gekleidet.
Ich bekam einen Riesenschreck und bemerkte erst nach eini-

ger Zeit, dass die Nonne auf mich einredete, aber ihre Worte klangen wie weit aus der Ferne und ich konnte nichts verstehen. Mein Kopf schmerzte höllisch, meine Sinne waren wie betäubt. Ich nahm alle meine Kraft zusammen und fragte: »Bin ich schon im Himmel? Bin ich tot?«
Da huschte ein Lächeln über das Gesicht der Nonne. »Nein, nein, Waris. Du bist im Krankenhaus. Du wirst wieder gesund.«
Als die Nonne aus dem Zimmer war, kamen zwei Ärzte zu mir, ein Mann und eine Frau. Sie klärten mich darüber auf, dass ich zu viel Alkohol getrunken hatte und mein Körper dadurch vergiftet worden war. »Du hast Glück gehabt, dass du noch lebst«, sagte die Ärztin zu mir. Sie drückte mir einen bunten Prospekt in die Hand und verabschiedete sich. »Nicht weglaufen, ich komme bald wieder zurück«, sagte sie lächelnd.
Ich blätterte durch die Seiten des Prospekts, aber ich verstand nicht viel. Als die Ärztin zurückkehrte, erklärte sie mir, was es mit der Broschüre auf sich hatte. Das Haus, von dem darin die Rede war, sei eine Einrichtung, in der Menschen geholfen werde, die Probleme mit Alkohol haben. Ein Rehabilitationszentrum.
»Kannst du mich noch heute dahin bringen lassen?«, fragte ich mit leiser Stimme. Die Ärztin organisierte noch am selben Tag einen Transport für mich.

Mehrere Wochen nach der Entziehungskur, ich war wieder »clean«, flog ich zurück nach New York, besuchte meine Agentur, die mich freudestrahlend empfing.
»Waris, wir haben mittlerweile so viele Jobs für dich, dass du die nächsten Jahre durcharbeiten kannst! Morgen findet schon das erste Shooting statt.«
Ich hätte damals eine längere Pause einlegen und mich mit meinem Problem intensiver auseinandersetzen sollen. Aber

ich stürzte mich Hals über Kopf in meine Arbeit, und der Alkohol wurde, schneller, als ich denken konnte, wieder mein täglicher Begleiter.
Ich kämpfe nun seit zwanzig Jahren gegen meine Sucht. Manchmal mit Erfolg, manchmal ohne. Ich habe Therapien gemacht, mich von Ärzten und Psychologen beraten lassen, doch all dies brachte nur kurzfristige Erfolge. Oft war ich verzweifelt, Mama. Ich versuchte, die Ursache für meine Sucht zu finden.
»Warum trinkst du, Waris?«, habe ich mich Dutzende Male selbst gefragt.
Sind es die körperlichen und seelischen Schmerzen, die Folgen meiner Genitalverstümmelung, die ich mit Alkohol betäuben will?
Sind die höllischen Schmerzen, die ich jedes Mal während meiner Periode ertragen muss, der Grund?
Sind es meine Einsamkeit und mein Gefühl der Heimatlosigkeit, die mich zur Flasche greifen lassen?
Ist es Veranlagung?
Ich habe den Grund bis heute nicht herausgefunden, Mama. Vielleicht ist auch eine Verkettung vieler Probleme die Ursache für meine Sucht.
Drei Jahre nach meinem ersten Zusammenbruch war ich für Fotoaufnahmen in der kalifornischen Wüste. Nach dem Shooting wurde kräftig gefeiert. Bis zum Morgengrauen saß ich mit den anderen Models, dem Fotografen, den Visagisten und Assistenten zusammen. Die Sonne ging auf, und vor uns stand ein hoher, felsiger Berg, den man im Gegenlicht schemenhaft erkennen konnte.
Ich sagte: »Ich habe jetzt Lust, diesen Berg zu besteigen.«
»Spinnst du?«, riefen die anderen. »Zuerst musst du mal gut zehn Kilometer bis dahin laufen, und dieser Berg ist steil und felsig. Du bist auch keine geübte Kletterin.«

»Ach, was wisst ihr!«, antwortete ich trotzig. »Ich komme aus der Wüste, da macht man ganz andere Dinge.«
Ich setzte mich in Bewegung. Während des Laufens wurde mein Kopf immer klarer. Am Fuße des Berges angekommen, suchte ich mir einen Weg, um auf den Gipfel zu gelangen. Ich musste tatsächlich über einige steile Felswände klettern. Aber aufzugeben kam mir nicht in den Sinn, und ich schaffte es beinahe mühelos. Einfach so, weil ich es wollte.
Von diesem Tag an begann ich wieder, Sport zu treiben, vor allem Schwimmen, und ich bemerkte, dass ich automatisch zu trinken aufhörte, sobald ich mich körperlich betätigte.
Ich fing an, mich mit Laufen und Schwimmen selbst zu therapieren. Ich begann, mich in meinem Körper wieder wohl zu fühlen, und kam gar nicht auf den Gedanken, mich mit Alkohol in eine andere Welt befördern zu wollen.
Trotzdem sehe ich mich nicht als geheilt. Manchmal, wenn mich dunkle Gedanken aus meiner Kindheit plagen, wenn die Schmerzen meiner Periode zu groß werden oder wenn ich in der Öffentlichkeit als Ausstellungsstück oder Jahrmarktattraktion vorgeführt werde (»Schaut, da ist Waris, die Genitalverstümmelte«), dann komme ich in Versuchung.
Das ist das Verfluchte am Alkohol: Er stellt dich jeden Tag auf die Probe. Dein ganzes Leben lang. Aber ich habe viele Prüfungen in meinem Leben bestanden, Mama. Ich werde auch diese schaffen.

* * *

Am nächsten Tag ging ich nicht zu Mutter ins Krankenhaus. Die meiste Zeit saß ich in meiner Wohnung und starrte aus dem Fenster. War schon alles verloren? Die Aussprache, nach der ich mich so lange gesehnt hatte, ein Fehlschlag?

So leicht wollte ich nicht aufgeben. Ich war Tausende Kilometer geflogen, um Mutter aus der Wüste nach Österreich zu bringen, und das alles sollte jetzt umsonst gewesen sein?

Am darauffolgenden Tag besuchte ich Mutter wieder im Krankenhaus. Wir taten beide so, als wäre nichts gewesen, als hätte unser Streit nie stattgefunden. Wir wussten, dass viele Dinge unausgesprochen in der Luft lagen, aber jetzt war nicht die richtige Zeit und nicht der richtige Ort, um mit allem neu zu beginnen.

Als ich schon gehen wollte, betrat ein Arzt das Zimmer.

»Ihre Mutter kann morgen heimgehen«, sagte er. »Sie muss sich noch etwas schonen. Aber sie ist schon wieder vollkommen gesund.«

Ich fühlte Freude und Angst zugleich. Ich konnte Mama zu mir in die Wohnung holen. Endlich. Mutter und Tochter, eine afrikanische Familie mitten in Wien. Alles würde gut werden.

Redete ich mir das ein, oder glaubte ich damals tatsächlich daran?

Kapitel 6
Mama in der fremden Stadt

Die Ereignisse begannen sich zu überstürzen. Ich holte Mutter mit dem Taxi aus dem Krankenhaus ab. Als der Wagen vor meiner Haustür anhielt, kamen zwei Männer auf uns zu, beide waren sehr groß, trugen dunkle Anzüge und Sonnenbrillen. Ich kannte die beiden bereits. Es waren Beamte der österreichischen Staatspolizei. Sie trugen Zivilkleidung, um nicht unnötig für Aufsehen zu sorgen. Aber natürlich war jedem klar, der nur einigermaßen bei Sinnen war, was hier gespielt wurde.

Die beiden Staatspolizisten hatten schon einige Male für meinen Schutz gesorgt. Anfeindungen gegen mich und meine Arbeit sind für mich fast Alltag.

»Es gab wieder eine ernstzunehmende Drohung, Frau Dirie«, sagte der etwas rundlichere Beamte mit dem Oberlippenbart in einem Englisch, das diesen typischen liebenswerten österreichischen Akzent aufwies.

»Okay«, gab ich zur Antwort. Ich wollte die beiden Polizisten nicht vor den Kopf stoßen, aber eigentlich hatte ich keine Angst. Meine Freunde schelten mich immer, dass ich Drohungen auf die leichte Schulter nehme. Aber was soll ich dagegen unternehmen? Zu Tode gefürchtet ist auch gestorben.

Ich habe keine Angst vor radikalen Fanatikern. Meine Freunde sehen das weniger locker. Deshalb habe ich es mir angewöhnt, mit allen Sicherheitsleuten, die mich schützen wollen, gut zusammenzuarbeiten. So sollte es auch diesmal sein.

Die Mitarbeiter meiner Stiftung und auch die Beamten in Österreich gehen mit Drohungen sehr professionell um. Es kommt leider aufgrund meines weltweiten Kampfes gegen die weibliche Genitalverstümmelung immer wieder vor, dass mich Irre bedrohen. Die Drohungen werden häufig anonym geäußert. Briefe, E-Mails, Nachrichten, die mir überbracht werden – es wird auf den verschiedensten Wegen versucht, mir Angst einzujagen.

Mama war durch die beiden Polizisten in Zivil vollkommen eingeschüchtert. Sie wollte zunächst gar nicht aus dem Taxi steigen. Ich begann, beruhigend auf sie einzureden, aber es hatte keinen Zweck. Sie klammerte sich am Türgriff fest und kniff die Augen zusammen, so als wollte sie der Welt sagen: »Ich bin gar nicht da.« Dazu stieß sie leise Flüche in somalischer Sprache aus. Es war eine gespenstische Szenerie.

Ich versuchte, kurz zu erklären, dass kein Grund bestehe, sich zu fürchten.

»Mama, die Männer sind von der Polizei. Sie tun uns nichts. Sie sind zu meinem Schutz da.«

Sie überhörte den Satz.

»Was sind das für schlimme Dinge, die du treibst, dass dich schon die Polizei holt?«

In der Stimme schwangen unüberhörbar Vorwürfe mit.

Nach einiger Zeit hatte sich Mutter endlich beruhigt. Langsam und behutsam kletterte sie aus dem Wagen, so als hätte sie Angst, dass sich im nächsten Augenblick jemand auf sie stürzen könnte. Kaum war sie aus dem Taxi geklettert, hatte sie es umso eiliger, zum Haus zu gelangen. Nachdem wir endlich die Tür aufgeschlossen hatten, drehte ich mich noch einmal dankend zu meinen beiden Beschützern um, die schon wieder auf dem Weg zu ihrem Auto waren. Mama bemerkte davon nichts. Sie war bereits ins Haus geflüchtet.

Ich erinnerte mich daran, wie es war, als ich das letzte Mal Personenschutz bekommen hatte. Ich hatte anlässlich einer Preisverleihung 2004 ein Interview gegeben, das weltweit für Aufregung sorgte. Die Katholische Männerbewegung hatte mir den Oscar-Romero-Preis zuerkannt. Diese Auszeichnung wird seit 1981 jedes Jahr an Menschen verliehen, die sich für Gerechtigkeit, Menschenrechte und Entwicklung in Ländern der Dritten Welt einsetzen. Oscar Arnulfo Romero war bis zu seiner Ermordung im Jahr 1980 Erzbischof von San Salvador, der Hauptstadt von El Salvador in Mittelamerika. Der Preis wurde zu seinem Gedenken gestiftet. Das Interview, das ich gegeben hatte, wurde in vielen afrikanischen Staaten, in den USA, Kanada, Australien und in ganz Europa zitiert. Mein Pech: Mir wurden vielfach die falschen Worte in den Mund gelegt.

Die österreichische Presseagentur *APA* hatte noch korrekt über mein Interview berichtet. Ich hatte in dem Gespräch alle meine Argumente angeführt, die ich gegen das grausame Ritual der Genitalverstümmelung vorzubringen habe. Ich rief vor allem auch die westliche Welt dazu auf, die Scheuklappen abzulegen. Natürlich finde Genitalverstümmelung nicht mehr allein in Afrika statt, auch in Europa, in den USA werden immer mehr Mädchen zu Opfern – und alle schauen schamhaft weg.

Ich prangerte auch den fehlenden gesetzlichen Schutz an. Es gebe zwar in Österreich ein Gesetz, das Genitalverstümmelungen verbiete, aber noch nie seien Täter oder Mitwisser vor Gericht gestellt worden.

»Was nützt ein Gesetz, wenn sich niemand daran hält?«

Ich versuchte auch, erneut zu erklären, dass weder der

Islam noch eine andere Religion die Genitalverstümmelung vorschreibe oder gutheiße.

Mein Interview gipfelte in den folgenden Sätzen: »Es gibt islamische Prediger, die sagen, dass die Verstümmelung vom Propheten empfohlen ist. Das ist eine Katastrophe. Jeder Imam, der sich nicht aktiv gegen die Genitalverstümmelung stellt, macht sich an den Frauen schuldig.«

Ich hatte meine Worte bewusst gewählt, aber ich hatte ihre Wirkung unterschätzt. Denn aus einem Schneeball wurde sehr schnell eine Lawine. Vor allem, weil einige Zeitungen meinem letzten Satz noch einen weiteren hinzufügten, den ich nie gesagt hatte: Zu meiner Aussage »Jeder Imam, der sich nicht aktiv gegen die Genitalverstümmelung stellt, macht sich an den Frauen schuldig« fügten sie einfach den Satz hinzu: »Das Blut der kleinen Mädchen klebt an ihren Händen.«

Ich bin ein Heißsporn, will oft mit dem Kopf durch die Wand, aber ich bin nicht so töricht, vernünftige Imame gegen mich aufzubringen. Schon allein deshalb hätte ich diesen Satz niemals gesagt. Die Imame sind die allerwichtigsten Meinungsbildner in der muslimischen Gesellschaft. Wer wie ich im Kampf gegen Genitalverstümmelung etwas bewegen will, muss ihr Vertrauen gewinnen und sich ihre Unterstützung sichern.

Kurz nachdem das falsche Zitat um die Welt gegangen war, brach ein Sturm der Entrüstung los: Ich wurde beschimpft, geächtet, verspottet, es wurde gegen mich gehetzt, ich wurde auch mit dem Tod bedroht. Wieder bezogen die beiden Beamten von der Staatspolizei vor meiner Haustür ihren Posten.

Glücklicherweise legte sich die Aufregung nach ein paar Wochen, vor allem, weil ich eindeutig klarlegte, dass ich diesen Satz nie gesagt hatte. Aber noch heute werde ich bei Vorträgen darauf angesprochen.

Ich wollte meiner Mutter diese Geschichte erzählen. Ich wollte ihr erklären, dass ich nichts Unrechtes tue und getan habe, sondern vielmehr für eine Sache kämpfe, die gerecht ist und unser aller Anliegen sein sollte. Deshalb die Polizei vor der Tür.

Aber als wir oben an meiner Wohnungstür angekommen waren, hatte mich der Mut wieder verlassen.

Mutter war verunsichert, als sie das erste Mal meine Wohnung betrat. Ganz vorsichtig und stumm schlich sie von Raum zu Raum, blickte ängstlich um alle Ecken, so als warte hinter jeder Tür ein böser Geist auf sie, den es abzuwehren galt.

Meine Wohnung befindet sich in einem alten Haus. Sie ist relativ klein, aber ich mag es so. Überschaubar und hell, so müssen meine vier Wände sein. Und gut gelegen. Wenn man das Haus verlässt, ist man von meiner Wohnung aus sogleich im Grünen am Donaukanal. Das Stadtzentrum kann man gemütlich in wenigen Minuten erreichen.

Durch die Eingangstür gelangt man in einen großen hellen Vorraum, in dem ein riesiger Schrank steht, den mir die Vormieterin freundlicherweise überlassen hat. Darin befinden sich alle meine Kleider. Die bunten T-Shirts und Jeans, die ich meistens günstig bei einer der vielen Ketten kaufe. Aber auch teure Designerstücke, die ich von berühmten Modeschöpfern wie Gianfranco Ferré, Vivienne Westwood oder Giorgio Armani geschenkt bekommen habe.

Meine Lieblingsstücke sind Schnürstiefel, die ich mir vor zwanzig Jahren in New York in einem kleinen Geschäft in der Lexington Avenue gekauft habe und die mich schon überallhin auf der Welt begleitet haben. Sie sind für mich so etwas wie »Glücksschuhe«. Ich habe sie immer dann getragen, wenn ich zu wichtigen Castings ging, zu Vertragsgesprächen bei Verlagen und sogar anlässlich von UN-Konferenzen. Ja, ich habe sie sogar damals beim Wiedersehen mit meiner Mutter an der

Grenze zu Somalia angehabt. Diese Schuhe haben die Wüste gesehen, Schnee und Eis, und einmal bin ich mit ihnen sogar ins Meer gefallen. Obwohl sie schon sehr abgetragen sind, würde ich sie nie wegwerfen.

Ich werfe prinzipiell nicht gern etwas weg.

Ich bin in Wien unter Obdachlosen gut bekannt. Was immer bei mir an Nahrungsmitteln übrig bleibt, verteile ich an Menschen, die auf der Straße leben müssen. Selbst viele meiner Freunde wissen nicht, dass ich fast jeden Tag in Wien unterwegs bin und Essen an Obdachlose weitergebe. Wenn ich in London, Paris oder New York zu feinen Lunches oder Dinners eingeladen bin, dann lasse ich mir den Rest des Essens immer einpacken. Dann suche ich nach Obdachlosen in der Stadt und schenke es ihnen. Einmal marschierte ich mit Joanna zwei Stunden lang durch Paris, bis ich endlich Menschen gefunden hatte, denen ich damit eine echte Freude machen konnte.

Meine Mutter hat mich als Kind gelehrt, dass jeder Bissen wertvoll ist, und das habe ich bis heute nicht vergessen. Wenn ich sehe, wie Menschen achtlos Essen wegwerfen, werde ich oft wütend, weil ich dann immer an die Bilder der hungernden Menschen in Afrika denken muss. Manchmal gehe ich dann auf die Menschen zu und frage sie, warum sie alles wegschmeißen und ob sie nicht wüssten, dass jemand in diesem Augenblick in ihrer Stadt Hunger leidet und in anderen Ländern Menschen sterben, weil sie nichts zu essen haben.

Auch Kleidungsstücke habe ich noch nie in meinem Leben weggeworfen. Vieles von dem, was ich nicht mehr brauche, verschenke ich an afrikanische Freundinnen. Manchmal auch die teuren Designerkleider, die ich selten anhabe.

Wenn man in meiner Wohnung den Vorraum durchquert hat, dann landet man im Wohnzimmer, das gleichzeitig auch mein Musikzimmer, mein Fernsehzimmer und mein Malzim-

1 Verleihung des World Women's Award 2004 in Hamburg, mit Michail Gorbatschow.

2 Bei der anschließenden Feier lernte ich Iris Berben kennen.

3 Auf einer Gala in Düsseldorf bespreche ich mit Heather Mills und Sir Paul McCartney ein gemeinsames Projekt, 2005.

4 »Waris, du wirst deinen Kampf gewinnen.« Mit Lech Walesa und Joanna Jasik, Vize-Präsidentin meiner Foundation WDF.

5 Gianfranco Ferré lädt zur großen Modegala von Rai Uno nach Rom.

6 Mit Kenias Inneministerin Linah Kilimo: »Ich habe *Wüstenblume* gelesen und meine Töchter nicht beschneiden lassen.«

7 Auf der Konferenz in Nairobi traf ich auch diese zwei Mädchen aus meiner Heimat Somalia.

8 Mit Massai-Häuptlingen auf der Konferenz – auch die Massai praktizieren FGM.

9 Mama Africa, I'm coming home!

10 Meine Schwester, mein Bruder und meine Mutter in der Wohnung in Wien.

11 »Was immer uns auch trennen mag, am Ende gehören wir doch zusammen – wie Mutter und Tochter«.

14 I love my Austria: Urlaub in Österreich.

15 Fußball ist meine große Leidenschaft.

16 Neuanfang und Therapie: Hier trainiere ich in Obertauern für den Frauenlauf.

17 Wenn ich male, bin ich auf dem Weg zu mir selbst.

18 Zuhause mit Meerblick: Mit Joanna auf der Terrasse der neuen Wohnung in Kapstadt, Südafrika.

mer ist. Vom Wohnraum gelangt man in ein kleines Arbeitszimmer, in dem ich alle meine Bücher, Zeitungen und Magazine aufbewahre. Als meine Mutter den Raum zum ersten Mal sah, zuckte sie zusammen. Denn eigentlich kann man das Zimmer kaum mehr betreten. Es ist bis zur Decke voll mit Stapeln von Büchern und Papier.

Mutter durchstreifte meine Wohnung, vielleicht eine Viertelstunde lang. Ich lehnte mich an den Türrahmen zum Arbeitszimmer und beobachtete sie. Ich konnte aus ihrem Gesicht nicht ablesen, ob ihr gefiel, was sie sah, aber ich nahm ihr Interesse als gutes Zeichen. Schließlich blieb sie im Wohnzimmer vor meinem CD-Regal stehen, das ziemlich imposant aussieht. Ich liebe Musik und habe von Reisen viele CDs mitgebracht. Ich besitze über zweihundert mit Klängen aus Afrika, die in Europa gar nicht erhältlich sind, und ich habe noch einmal weitere zweihundert CDs mit Musik aus der ganzen Welt.

»Was ist das?«, fragte Mama und griff nach der ersten CD-Hülle.

»Musik«, antwortete ich schmunzelnd. Mutter nahm die CD in die Hand und besah sie vorsichtig von allen Seiten.

»Wo ist da die Musik?«, fragte sie nach einer Weile.

»In den Verpackungen sind Scheiben, die kann man in ein Gerät legen, und dann hört man Musik.«

Mama drehte sich zu mir um, als hätte ich ihr in diesem Moment offenbart, dass hinter der nächsten Wüstendüne das Meer beginnt.

»Aber wo ist auf den Scheiben Platz für die Instrumente?«

Ich lief zu ihr hin, schnappte mir die CD und steckte sie in den Player. Nach einem kurzen Moment begann Bob Marley zu singen. Mama drehte sich blitzartig um. Denn jetzt kam die Musik plötzlich nicht aus dem CD-Player, sondern aus den Lautsprecherboxen hinter ihr. Sie sah mich verdutzt an. Ich unternahm erst gar keinen Versuch, ihr zu erklären, wie das alles möglich ist.

»Setz dich einfach hin und hör zu, Mama«, sagte ich. Vielleicht zum ersten Mal in ihrem Leben tat sie, worum ich sie gebeten hatte.

Meine CD-Sammlung ist mein größter Schatz. Sobald ich morgens munter bin, mache ich den Player an und schalte ihn erst am Abend ab, wenn ich zu Bett gehe. Ich kann keine Minute ohne Musik sein. Ich habe immer wieder neue Lieblingssongs und Interpreten, derzeit höre ich Blues-Musik von John Lee Hooker, die mich vor allem beim Malen sehr inspiriert, Reggae von Bob Marley und Jimmy Cliff sowie viel Musik aus Nord- und Westafrika.

Im Wohnzimmer habe ich einen großen Teppich: Der ist mein Arbeitsplatz. Hier schreibe ich, hier male ich, und hier tanze ich, wenn mir danach zumute ist. Ich habe Schulhefte und Notizblöcke auf dem Teppich. Ich muss immer alles griffbereit haben. Ich will jeden vernünftigen Gedanken sofort aufschreiben können oder gleich losmalen, wenn mir danach ist.

Überall in meiner Wohnung habe ich Pflanzen aufgestellt, viele davon haben mir Freunde geschenkt. Ich brauche das Leben mit Blumen, das Leben mit der Natur, um atmen zu können. In meiner Wohnung stehen wunderschöne tropische Pflanzen, Kakteen und Orchideen in Töpfen, die alle kunstvoll gefertigt sind. Ich spreche jeden Tag mit ihnen, und das tut ihnen gut, denn sie wachsen fast so schön wie in der freien Natur. Manche meiner Pflanzen beginnen zu verschiedenen Jahreszeiten zu blühen, und für mich sind die Momente, in denen ich die ersten Blüten entdecke, wie Festtage.

Das Wichtigste in meiner Wohnung sind aber die Fotos von meinem Sohn Aleeke. Ich habe sie überall aufgestellt. Sie stehen rund um mein Bett, hängen an den Wänden, stehen auf Tischen. Aleeke ist allgegenwärtig. Das nimmt mir etwas den Schmerz, dass er derzeit nicht bei mir sein kann.

* * *

Ich habe diese Geschichte noch nie jemandem erzählt. Vielleicht aus Furcht, wieder von der Vergangenheit eingeholt zu werden. Auch jetzt, da ich diese Zeilen schreibe, läuft mir ein kalter Schauer über den Rücken.
Seltsam genug: Als ich damals vor meinem Vater nach Mogadischu flüchtete, da begegnete ich in der Wüste einem Löwen. Auge in Auge standen wir uns gegenüber, der König der Tiere und ich, das kleine Nomadenmädchen. Der Löwe verschonte mich und trottete nach einiger Zeit einfach davon. Ich kann mich an die Szene erinnern, als wäre es gestern gewesen. Furcht, die mir jeder zugestanden hätte, ist mir nicht in Erinnerung.
Die Angst kam erst viel später, Jahre später. Und es war bezeichnenderweise kein Tier, das mir das Blut in den Adern gefrieren ließ – sondern ein Mensch.
Liebe Mama, ich kam damals nicht ganz freiwillig nach Österreich. Nein, Wien war mein Zufluchtsort. Meine einzige Chance, einem Verfolger zu entkommen, dem ich anders nicht entkommen konnte. Ich hatte in Cardiff in Wales einen Mann kennengelernt. Er verwandelte mein Leben in einen Alptraum.
Ich habe dir einmal erzählt, warum ich vor fünf Jahren mit Aleeke, deinem Enkel, von New York nach Cardiff gezogen bin. Ich wollte Ruhe. Ich wollte für Aleeke und mich ein Nest bauen. Ich glaubte, dies in Cardiff zu finden, wo viele unserer Landsleute leben.

Ich mietete ein Haus am Stadtrand, umgeben von einfachen Villen, in denen ausschließlich ältere Menschen wohnten. Ich wollte für mich und mein Kind Frieden finden.

An dem Haus musste einiges renoviert werden, und deshalb engagierte ich eine Firma, um die nötigen Arbeiten durchführen zu lassen. Einer der Maler brachte eines Tages seinen Bruder mit, der erst vor kurzem nach Cardiff gekommen war. Er sollte zusätzlich helfen, damit die Arbeiten schneller vonstatten gingen.

Der junge Mann, ich nenne ihn hier »Peter«, war sehr nett, hilfsbereit, bot an, für mich einkaufen zu gehen, nahm mir die Einkaufstaschen ab, wenn ich vollbepackt aus dem Supermarkt kam. Immer wieder führten wir sehr nette Gespräche. Er erzählte mir von seiner Heimat, seiner Familie, seiner kleinen Tochter, und es entwickelte sich eine Art von Freundschaft. Die Arbeiten waren bald abgeschlossen und die Handwerker aus dem Haus.

Einige Tage später klopfte es morgens an der Tür. Peter stand davor und bat, ins Haus kommen zu dürfen. Ich überlegte nicht lange, schließlich war er vor einiger Zeit hier ein und aus gegangen, und lud ihn auf eine Tasse Tee ein. Nach einiger Zeit bat ich ihn zu gehen. Ich wollte mit Aleeke zum Schwimmen und den Tag mit ihm allein verbringen. Da gestand mir Peter plötzlich, dass er sich unsterblich in mich verliebt habe und nicht gehen werde, sondern für immer hierbleiben wolle. Ich war überrascht und gleichzeitig sehr irritiert. Nicht im Traum wäre mir eingefallen, dass einer der Handwerker Gefühle für mich entwickeln könnte.

Mir war die Situation unendlich peinlich, und deshalb bot ich an, mich an einem der nächsten Tage mit ihm in der Stadt zu treffen. »Aber jetzt hätte ich gerne, dass du gehst«, sagte ich ruhig, aber bestimmt.

Peter reagierte überhaupt nicht, stattdessen bot er mir an,

dass er doch im Haus Arbeiten erledigen könnte, das Geschirr abwaschen, den Boden schrubben. Meine Stimme wurde bestimmter. »Bitte geh!«
Doch erneut: keine Reaktion.
Ich wusste mir nicht mehr zu helfen. Ich wollte keinen Streit provozieren, und ich bekam es auch etwas mit der Angst zu tun. Schließlich war ich hier allein mit Aleeke im Haus. Also lud ich ihn ein, mich doch zum Schwimmen zu begleiten, in der Hoffnung, ihn im Schwimmbad loszuwerden. Das gelang mir auch.
Am nächsten Morgen kam das böse Erwachen. Peter stand wieder vor meiner Haustür und klopfte unaufhörlich, läutete wie verrückt und rief unentwegt meinen Namen. Ich öffnete schließlich die Tür, um ihm unmissverständlich klarzumachen, dass ich ihn nicht in meinem Haus haben wollte. Peter aber drückte mich zur Seite, schlug die Tür zu, begann zu weinen und schwor mir seine Liebe. Er bot an, für mich einkaufen zu gehen, alles zu tun, nur um in meiner Nähe sein zu können. Dummerweise akzeptierte ich diesen Vorschlag. Ich dachte mir: »Er wird schon wieder zur Vernunft kommen.«
Aber leider war das Gegenteil der Fall. Peter platzte in mein Leben und in das meines Sohnes. Nichts war mehr wie zuvor. Ich stürzte in eine tiefe Krise und fand keinen Ausweg.
Es war unmöglich, Peter loszuwerden. Ich überlegte, die Polizei einzuschalten, entschied dann aber, das Problem selbst in die Hand zu nehmen. Das war auch höchste Zeit. Denn Aleeke wurde immer hektischer. Der fremde Mann im Haus irritierte ihn, vor allem, weil Peter ständig da war, dazu auch noch häufig betrunken. Auch mein Stresspegel stieg von Tag zu Tag.
Ich versperrte das Haus, aber Peter kam zurück und trat die Eingangstür ein. War ich nicht zu Hause, zerschlug er eine Fensterscheibe, um ins Haus zu gelangen. Aleeke geriet in

Panik, ich bekam es mit der Angst zu tun. Wozu war dieser Mann sonst noch fähig?
Ich rief die Polizei, die Peter verhaftete. Doch schon drei Tage später stand er wieder vor meiner Tür und rief höhnisch: »Du wirst mich nie los! Ich bin dein Mann bis ans Ende deiner Tage!« Ich alarmierte wieder die Polizei, die ihn wiederum festnahm und ihm diesmal zusätzlich verbot, auch nur in die Nähe meines Hauses zu kommen. Ich erhielt Instruktionen, wie man sich gegen einen »Stalker« zur Wehr setzen kann.
Stalker – ich hörte dieses Wort von den Polizisten zum ersten Mal. Mama, so nennt man Menschen, die anderen krankhaft nachstellen. Heute gibt es in vielen Ländern der Welt Gesetze, die Menschen vor einer solchen Verfolgung schützen sollen. Damals, vor fünf Jahren, gab es so etwas noch nicht. Und ich bin auch heute noch nicht ganz überzeugt davon, dass Gesetze allein in einem solchen Fall helfen können.
Ich merkte jedenfalls schnell, dass bei Verrückten die besten Regeln versagen, weil Verrückte sich eben nicht an Regeln halten. Ich wagte es kaum noch, vor die Tür zu gehen.
Peter versteckte sich hinter Häuserecken, hinter Autos, sogar hinter Bäumen, verfolgte mich, wenn ich Aleeke in den Kindergarten brachte, und brach in mein Haus ein, wenn ich unterwegs war, um Vorträge zu halten oder an Diskussionen teilzunehmen. Er stahl meine Post, und wenn ich nicht zu Hause war, nahm er alle Faxe aus meinem Büro mit. Er stahl Fotos aus meiner Modelzeit und meine Bilder mit Aleeke. Manche stellte er auch in Fotorahmen auf oder hängte sie an die Zimmerwände meines Hauses, um zu demonstrieren, dass er dagewesen war.
Die Polizei verhaftete Peter immer wieder und verurteilte ihn zu Ordnungsstrafen. Leider hatte ich zu diesem Zeitpunkt noch keinem anderen Menschen von diesem Terror erzählt, ich wollte damit immer noch allein fertig werden. Ich hatte

doch keine Ahnung, Mama, wie man sich richtig verhält, wenn einem so etwas passiert. Niemand hat das.
Die Situation spitzte sich immer weiter zu. Zu den Drohungen kam Gewalt.
Mehrmals schlug Peter mich im Haus, schrie mich an, dass wir zusammengehörten und dass er nie akzeptieren würde, wenn ich mich von ihm trennte. Dieser Mann hatte eine fixe Idee und war von niemandem aufzuhalten.
Ich rief meinen Bruder Mohammed an, der zu dieser Zeit in Amsterdam lebte, und bat ihn um seine Hilfe. Du weißt, Mama, Mohammed ist stark, groß und ein ausgebildeter somalischer Kämpfer. Mein Bruder reiste sofort zu mir, und schon in der nächsten Nacht bekam er Arbeit. Peter läutete, rief unentwegt meinen Namen.
Mohammed ging zur Tür, öffnete und sagte mit ruhiger, aber bestimmter Stimme: »Ich bin Waris' Bruder Mohammed, und ich bleibe jetzt hier im Haus. Lass meine Schwester in Ruhe, und komm nie wieder! Sonst wird Schlimmes mit dir passieren!«
Die Worte zeigten Wirkung. Peter verschwand für ein paar Tage. Mohammed hatte bereits seinen Rückflug nach Amsterdam gebucht, denn das Problem schien sich erledigt zu haben. Ich fuhr mit ihm und Aleeke in die Stadt, um Geschenke für meine Schwägerin und meine Nichten in Amsterdam zu besorgen. Als wir zum Haus zurückkamen, bemerkten wir, dass die Tür nur angelehnt war.
Mohammed sagte: »Waris, geh mit Aleeke nicht ins Haus, wartet auf der Straße.«
Dann durchsuchte er das Haus. Plötzlich flog die Haustür auf, und Peter raste wie von einer Tarantel gestochen an mir vorbei, Mohammed hinter ihm her. Am Ende der Straße bekam mein Bruder ihn zu fassen. Was dann geschah, Mama, möchte ich dir lieber nicht erzählen.

Mohammed kehrte jedenfalls bald zurück und sagte: »Waris, der kommt nie wieder.«

Ich brachte ihn mit Aleeke zum Flughafen. Der Abend verlief ruhig. Mein Sohn und ich gingen früh schlafen.

Am nächsten Morgen wurde ich durch lautes Trommeln an meiner Haustür geweckt. Ich war noch ziemlich verschlafen und dachte: »Das muss wohl der Postbote sein«, und öffnete. Ein schwerer Fehler. Vor mir stand Peter mit geschwollenem Gesicht, aufgeplatzten Lippen, einer Nase, die an einen Boxer nach einem verlorenen Kampf erinnerte, und einem sehr blauen Auge. Ich erstarrte.

Peter brachte mit seinen geschwollenen und aufgeplatzten Lippen kaum ein Wort heraus: »Waris, I love you. I will never go.«

Ich schlug die Tür zu, rannte zum Telefon und rief die Polizei. In kurzer Zeit waren mehrere Einsatzfahrzeuge vor meinem Haus, doch Peter war bereits über alle Berge. Die Polizei entschloss sich, ihn zur Fahndung auszuschreiben. Doch er war wie vom Erdboden verschluckt. Bei seiner Wohnung hatte man ihn seit Wochen nicht mehr gesehen. Sein Bruder wusste nicht, wo er steckte. Ich erhielt von der Polizei eine Notrufnummer, die ich wählen sollte, falls er wieder auftauchte. Allein das Wählen der Nummer würde einen Großalarm auslösen.

Ich hoffte, dass Peter verschwunden war und nie mehr zurückkehren würde. Doch ich hatte mich getäuscht. In der gleichen Nacht wachte ich auf. Ich hörte, wie im Haus Glas zersplitterte. Ich rannte die Treppen hinunter, um von meinem Büro aus den Polizeinotruf zu wählen. Doch noch bevor ich den Hörer erreichen konnte, packte mich Peter und riss mich zu Boden. Er kniete auf meiner Brust und brüllte: »Du wirst mich nie los! Wenn ich gehen muss, gehst du auch!«

Der Lärm weckte ein älteres Ehepaar aus einem Nachbarhaus. Die beiden sahen das eingeschlagene Fenster, zählten eins und eins zusammen und riefen die Polizei. Ich hörte die Sirenen, Peter ließ mich los, lief durch die Küche zum Hinterausgang in meinen kleinen Garten, sprang über die Gartenmauer und rannte davon.
Mehrere Polizisten stürmten ins Haus. Ich rief: »Da – durch die Küchentür ist er geflüchtet!« Die Polizisten nahmen die Verfolgung auf, kamen aber kurze Zeit später zurück, da sie seine Spur im Dunkel der Nacht verloren hatten. Ich war nervlich am Ende. Aleeke war aufgewacht und weinte. So konnten wir hier nicht weiterleben. Ich wollte nur noch eines: weg aus Cardiff.
Ich rief Walter in Wien an und erzählte ihm die ganze Geschichte: »Bitte komm sofort, ich kann so nicht weiterleben.«
Die Polizei stellte in dieser Nacht und am nächsten Tag und in der darauffolgenden Nacht ein Auto mit zwei Polizisten zu meinem Schutz vor mein Haus. Ich saß in der Küche und hatte leider keine bessere Idee, als wieder mit dem Trinken zu beginnen. Ich saß in der Küche und zitterte am ganzen Leib. Ich wollte einfach alles vergessen.
Am nächsten Tag kam Walter.
»Waris, du warst jetzt mehrmals in Wien, und ich glaube, es hat dir immer gut gefallen. Warum ziehst du nicht mit Aleeke nach Österreich und lebst dort für eine Weile?«
»Ich weiß nicht«, sagte ich, »Aleeke geht hier zur Schule und hat hier seine Freunde. Ich will nicht, dass er schon wieder umziehen muss, noch dazu in ein anderes Land.«
Walter blieb mehrere Tage und bemerkte, dass ich wieder zu trinken begonnen hatte.
Eines Abends sagte er zu mir: »Waris, es ist Zeit, dass du eine Entziehungskur machst. Wir haben eine sehr gute Klinik in

Österreich, und der Chef ist ein Freund von mir. Wenn du möchtest, rufe ich ihn an, und wir besprechen mit ihm eine Behandlung.«

Ich antwortete trotzig: »Nein, ich bleibe hier, ich kann das Problem allein lösen.«

Walter kehrte nach Österreich zurück. Aber das Problem löste sich nicht von allein. Ich merkte, dass ich mehr und mehr dem Alkohol verfallen war, dass ich die Kontrolle über mein Trinken und über mein Leben verloren hatte.

Eines Abends rief ich Walter an: »Hallo, hier ist Waris. Du hast mir doch von deinem Freund, dem Chef der Klinik für Alkoholkranke, erzählt. Bitte ruf ihn an, ich brauche Hilfe.«

Schon am nächsten Morgen meldete sich Walter: »Ich habe soeben mit meinem Freund telefoniert, du kannst bereits Montag früh mit einer Entziehungskur beginnen.«

Ich brachte Aleeke zu einer Freundin und flog nach Wien. Ich sollte drei Monate bleiben. In diesen drei Monaten entschloss ich mich, Cardiff zu verlassen und ganz nach Wien zu ziehen. Nach langen Diskussionen mit Aleekes Vater Dana entschieden wir, dass unser Sohn in der nächsten Zeit bei seinem Vater leben sollte, den er zwei Jahre lang nicht gesehen hatte. Er sollte in den USA zur Schule gehen.

Dana holte Aleeke am Tag vor Weihnachten ab und flog mit ihm in die USA. Die Weihnachtsfeiertage verbrachte ich bei somalischen Freunden in Cardiff. Es war die traurigste Zeit meines Lebens.

Im Frühling stand der endgültige Umzug nach Wien an, wo ich inzwischen eine kleine Wohnung gefunden hatte. Ich begann also, in Cardiff alles einzupacken, was ich mitnehmen wollte. Vor allem meine Bilder. Ich habe in meinem Leben immer gern gemalt, am liebsten mit Ölkreide und Ölfarben. Das tut meiner Seele gut.

Walter besuchte mich, und wir besprachen die anstehenden

Projekte für meine Waris-Dirie-Foundation und die Vorbereitung eines neuen Buches. Eine Freundin hatte mir grauenvolle Dinge über die somalische Community in Cardiff erzählt. In der Stadt leben über 20 000 Somalis. Immer wieder, schilderte meine Freundin, würden Mädchen grausam an den Genitalien verstümmelt. Manche müssten anschließend sogar aufgrund von starken Blutungen in Krankenhäuser gebracht werden. Die Behörden unternahmen nichts. Man ging davon aus, dass das eben eine afrikanische Tradition sei, so wie die Beschneidung von Jungen.

Auch in London war es ähnlich. Ich hatte mich mit somalischen Freunden getroffen. Sie bestätigten mir, dass Mädchen nicht nur unter Somalis, sondern auch in vielen anderen afrikanischen Communities »gemacht werden«. Mit einem Mal wurde mir klar, dass Genitalverstümmelung kein afrikanisches Problem mehr ist. Es war importiert worden. FGM passierte hier in England und überall in Europa, und die Behörden unternahmen nichts, weil sie davon keine Kenntnis hatten oder manchmal keine Kenntnis davon haben wollten. Ich beschloss, darüber ein Buch zu schreiben.

Eines Abends, es war kurz vor meiner Abreise nach Wien, hatte ich das Gefühl, dass wieder jemand im Haus war. Ich machte das Licht in meinem Schlafzimmer und im Vorraum an und erschrak beinahe zu Tode. Peter war wieder da.

Ich weiß nicht, wie er ins Haus gekommen war, aber da stand er nun und grinste über das ganze Gesicht: »Baby, ich bin zurückgekommen, weil wir füreinander bestimmt sind, und ich werde dich nie wieder verlassen!«

Ich wollte schreien, aber meine Stimme versagte. Ich setzte mich auf die oberste Stufe meiner Treppe und begann zu weinen. Peter legte seinen Arm um mich und tröstete mich: »Baby, weine nicht, ich bin hier, du bist in Sicherheit, bald werden wir heiraten und Kinder haben.«

Ich stand auf, ging langsam die Treppe hinab, stürzte dann zur Haustür, riss sie auf, rannte in Todesangst auf die dunkle Straße und schrie, so laut ich konnte, um Hilfe. Plötzlich merkte ich, dass er keuchend hinter mir stand. Er schlang seine Arme um meinen Hals und sagte: »Warum tust du das, Waris? Du weißt doch, dass dir das nicht hilft. Erkenne endlich, dass wir füreinander bestimmt sind.« Dann ließ er mich los und verschwand in der Dunkelheit.
Kurze Zeit später war die Polizei im Haus. Am nächsten Morgen verständigten mich die Beamten, dass Peter bei einer Großfahndung in einem Lokal in der Nähe meines Hauses festgenommen werden konnte.
»Er wird einige Tage bei uns bleiben und angeklagt werden. Wir sind sicher, dass er für einige Monate hinter Gitter muss. Außerdem haben wir ihm seinen Pass abgenommen.«
Schon eine Woche später stand er wieder vor meinem Haus. Ich sah ihn durch ein Fenster und rief sofort den Polizeinotruf. Ich ging, so ruhig ich konnte, zur Tür und öffnete. Diesmal sollte er in meine Falle tappen.
Ich sagte freundlich: »Hallo, schön dich zu sehen, Peter, willst du nicht auf eine Tasse Tee hereinkommen?«
Er sah mich an, und ich merkte an seinen Augen, dass er spürte: Hier ist etwas faul.
»Nein, ich wollte nur hallo sagen und komme später wieder.«
Doch da war es bereits zu spät für ihn. Polizeiautos kamen von beiden Seiten die Straße hochgerast. Es gab keine Möglichkeit zu entkommen.
Eine Gruppe von Polizisten brachte ihn in mein Haus. Im Wohnzimmer wurden ihm Handschellen angelegt. Offenbar wehrte er sich dagegen, denn ich hörte, als ich vor der Tür wartete, Schreie und Geräusche von Möbelstücken, die umfielen. Irgendwann kamen die Polizisten mit Peter aus dem Zimmer.

»Machen Sie sich jetzt keine Sorgen mehr, er wird Sie nie wieder belästigen«, versprachen die Polizisten.
Doch auch diesmal sollten sie sich irren.
Zwei Tage später war Walter da, um mir beim Packen zu helfen. Am nächsten Tag kam die Spedition, um meine Sachen, meine Möbel, meine Kleider nach Wien zu transportieren. Wir waren mit dem Packen fertig und bereits im Auto, um zum Flughafen zu fahren, als ich Peter erblickte, der ungläubig das Geschehen beobachtet hatte.
Drei Stunden später landeten wir im verschneiten Wien und fuhren direkt zu meiner neuen Wohnung.
Am nächsten Tag machte ich mit Joanna Besorgungen. Die Spedition war bereits in Wien und hatte alle meine Sachen in meine Wohnung gebracht. Nach einer Woche sah es schon richtig wohnlich aus. Wir besorgten viele Pflanzen, weil ich es in meiner Wohnung gerne grün habe, und ich schmückte die Wände mit meinen eigenen Ölbildern.
Zwei Tage später, es war weit nach Mitternacht, läutete es an meiner Tür. Ich war zu verschlafen, um zu fragen, wer denn da sei, und öffnete. Es war Peter, der sich sofort an mir vorbei in die Wohnung drängte und die Tür hinter sich zuschlug. Er war völlig durchnässt, zitterte, hatte nur eine leichte Jacke an, obwohl es Winter war. Er trug eine kleine Reisetasche bei sich. Draußen regnete und schneite es abwechselnd seit Stunden.
Peter sagte: »Waris, bitte, lass mich hierbleiben, mir ist eiskalt, ich friere. Wohin soll ich gehen. Ich verspreche dir, dich nie wieder zu bedrohen, nie wieder Ärger zu machen. Bitte lass mich nur heute bei dir übernachten.«
Es war mitten in der Nacht, und ich hatte auch keine Ahnung, wie man in der fremden Stadt den Polizeinotruf betätigt. Und ich wollte Walter nicht wecken!
Ich fragte Peter: »Wie hast du mich gefunden?«
Er sagte: »Waris, auf dem Lastwagen der Transportfirma

standen Name und Telefonnummer des Unternehmens, die habe ich mir notiert. Ich habe am nächsten Tag angerufen und gesagt, dass ich ein Freund sei, der dir noch einige Dinge nach Wien nachschicken müsste, und ich daher deine Adresse brauchte. Und schon bin ich da!«
»Aber du hast doch gar keinen Pass«, sagte ich erstaunt.
»Ich habe ihn wiederbekommen.«
Am nächsten Morgen rief ich Walter an. Er kam in die Wohnung und sprach mit Peter, der mit Engelszungen redete.
»Walter, ich verspreche dir, ich bleibe nur kurz und fahre dann wieder zurück. Bitte lass mich nur zwei Tage hierbleiben.«
Walter blieb hart.
»Du kannst nicht in Waris' Wohnung bleiben, du musst in ein Hotel ziehen.«
Die beiden verließen gemeinsam die Wohnung. Zwei Tage später stand Peter wieder vor der Tür. Mittlerweile hatte ich Sicherheitsschlösser für den Fall der Fälle anbringen lassen. Ich öffnete nur einen Spalt, ohne die Sicherheitsriegel zu entfernen, und sagte: »Du musst gehen, ich will schlafen.«
In diesem Augenblick warf sich Peter mit seinem ganzen Gewicht gegen die Tür. Holz splitterte, und das Sicherheitsschloss wurde einfach rausgerissen. Peter stürzte. Ich lief ins Badezimmer, versperrte die Tür und rief sofort Walter mit meinem Handy an: »Bitte hilf mir, der Irre ist in meiner Wohnung, ich fürchte um mein Leben!«
Peter begann, gegen die Badezimmertür zu treten, und brüllte unaufhörlich: »Du kannst mir nicht entkommen, du gehörst zu mir!«
Der Lärm hatte die Mitbewohner des Hauses geweckt, und sie holten die Polizei. Auch Walter rief beim Notruf an und erklärte die gefährliche Situation. Die Wiener Polizei schickte eine Spezialeinheit. Es war eine Rettung in letzter Sekunde. Als die Polizisten zur Tür hereinstürmten, hatte Peter gera-

de die Badezimmertür eingetreten und wollte sich auf mich stürzen.

Peter wurde verhaftet und verbrachte die Nacht im Polizeigefängnis. Doch da er einen europäischen Reisepass besaß, einen Wohnsitz nachweisen konnte und den Polizisten versprach, nie mehr das Haus zu betreten und mich in Ruhe zu lassen, wurde er am nächsten Tag auf freien Fuß gesetzt und lediglich angezeigt.

In der folgenden Nacht stand er wieder vor meiner Tür, schrie: »Mach auf, ich kann ohne dich nicht leben!«

Ich rief die Polizeinotrufnummer und bat um Hilfe.

Die Polizei kam sehr schnell, durchstöberte das Haus, konnte Peter aber nicht finden. Später stellte sich heraus, dass er in den Aufzugsschacht geklettert war und sich darin versteckt hatte. Kaum waren die Beamten weg, trommelte er wieder gegen meine Tür.

Er schrie: »Wenn ich gehen muss, gehst du mit mir!«

Ich rief sofort wieder die Polizei, aber Peter war erneut spurlos verschwunden. Überall im Treppenhaus waren Blutspuren. Er hatte Fensterscheiben im Haus eingeschlagen und sich dabei offensichtlich verletzt. Walter holte mich ab, und ich übernachtete in einem Hotel. Am Morgen meldete sich die Polizei bei Walter: Ein Mann sei festgenommen worden, der Peter ähnlich sehe. Sein Name sei aber Robert.

Der Mann behauptete, er sei der Bruder von Peter. Die Polizei bat Walter, sofort zur Dienststelle zu kommen, um die Angelegenheit aufzuklären.

Als Walter die Wachstube betrat, versuchte Peter zu flüchten. Diesmal schaffte er es nicht. Es stellte sich heraus, dass er den Reisepass seines Bruders Robert gestohlen hatte. Mit diesem Pass war es ihm gelungen, die britischen und österreichischen Zöllner zu überlisten.

Diesmal ging es für ihn nicht so glimpflich aus. Er wurde ver-

urteilt und kam in Haft. Er blieb sechs Monate im Gefängnis, um danach abgeschoben zu werden.

Aber auch während der Zeit der Abschiebehaft gelang es ihm beinahe noch einmal, den Behörden zu entkommen. Er überzeugte Mitarbeiter einer Menschenrechtsorganisation davon, politischer Flüchtling aus Afrika zu sein, der gegen weibliche Genitalverstümmelung kämpfe.

»Ich arbeite für die Waris-Dirie-Foundation«, behauptete er allen Ernstes. »Die österreichischen Behörden ignorieren das aber.«

Kaum zu glauben, aber die Menschenrechtsorganisation stellte doch tatsächlich einen Antrag auf Haftentlassung – ohne vorher mit uns Kontakt aufzunehmen. Ein Mitarbeiter erkundigte sich schließlich aber doch bei Walter, ob Peter tatsächlich ein Mitarbeiter meiner Stiftung sei. Walter fiel aus allen Wolken.

Er brüllte ins Telefon: »Sind Sie wahnsinnig, der Mann ist ein verrückter Stalker, der Waris Dirie beinahe umgebracht hätte!«

Der Mitarbeiter ließ sich aber nicht so leicht abschütteln: »Aber er wirkt sehr überzeugend, er kennt die Geschichte von Waris Dirie, und wir glauben ihm.«

»Dann besorgen Sie sich doch die Gerichtsakte«, erwiderte Walter und legte auf.

Die Polizei benachrichtigte uns später, dass Peter abgeschoben worden war. Diese Geschichte trug dazu bei, dass in Österreich ein Gesetz gegen Stalking verabschiedet wurde. Menschen wie Peter, die Frauen das Leben zur Hölle machen, können nun endlich hart bestraft werden.

* * *

Wir saßen im Wohnzimmer auf dem Boden und hörten Bob Marley. Ich machte Mutter einen Tee. Wir sprachen nicht viel. Als die Abenddämmerung hereinbrach, wollte ich sie ins Gästezimmer begleiten. Ich habe zwei kleine Räume für Übernachtungsbesuche.

Ich hatte immer davon geträumt, dass meine Mutter einmal bei mir wohnt. In einem Gästezimmer habe ich deshalb alle Fotos und Andenken, die ich von ihr besitze, aufgestellt, und niemand darf dieses Zimmer ohne meine Erlaubnis betreten. Manchmal, wenn ich mich einsam fühle, ziehe ich mich dorthin zurück, schließe meine Augen und träume von meiner Mama, meiner Heimat und der endlosen Weite der somalischen Wüste.

Aber meine Mutter wollte nicht ins Gästezimmer ziehen, sie wollte unbedingt im Wohnzimmer bleiben. Also bereitete ich ihr hier ein Matratzenlager, das sie mit Wohlgefallen inspizierte. Sie legte sich nieder und zog die Decke bis zum Hals hoch.

»Siehst du, Mama«, sagte ich, »jetzt passiert das, was ich mir immer gewünscht habe: Ich lebe mit meiner Mutter unter einem Dach in Wien, der Stadt, die ich so liebe.«

Aber Mutter antwortete nicht. Ich blickte zu ihrem Nachtlager und sah, dass sie eingeschlafen war.

Der kommende Morgen und auch die nächsten Tage brachten herrliches Winterwetter. Es war klirrend kalt, aber die Sonne lachte vom Himmel und ließ den Schnee glitzern. Ich fürchte mich immer vor den ersten warmen Tagen nach einem Schneefall in Wien. Wenn es taut, wird die Stadt zu einem riesigen Swimmingpool. Überall gibt es Pfützen und Matsch, man weiß gar nicht, wo man hintreten kann, ohne von Autos nassgespritzt zu werden. Aber jetzt war der Schnee eine weiße Pracht. Wann immer ich konnte, sah ich aus dem Fenster und freute mich mit den Kindern, die Schneemänner bauten oder Schneeballschlachten veranstalteten.

Meine Mutter fühlte sich in der Wohnung bald heimisch. Sie ist eine Nomadin wie ich und kann sich schnell an eine neue Umgebung anpassen. Ich hatte bald kapiert, was ich kochen musste, um ihren Geschmack zu treffen. Ihr Gebiss ist nicht mehr in bestem Zustand. Die drei Goldzähne und die vielen Löcher, die man sehen konnte, vertrugen nur Suppe und Brei. Solange ich keinen Salat machte, war sie zufrieden.

»Salat, das ist etwas für Kamele«, sagte sie verächtlich.

Meine vier Wände wurden ihre Burg. Hier fühlte sie sich sicher, hier hatte sie es sich bequem gemacht. Ich ging einkaufen, ich kochte, wir aßen gemeinsam, dann hörten wir uns somalische Musik, Gedichte oder Gebete an. Bob Marley und Johnny Lee Hooker sangen sich in diesen Tagen die Seele aus dem Leib.

Anfangs hatte Mutter ziemliches Heimweh. Oft jammerte sie: »Ich will nach Hause, nach Somalia.« Ich versprach ihr, sie zurückzubringen, sobald sie wieder richtig gesund und bei Kräften sei.

Hinaus auf die Straße wollte sie keinesfalls. Hätte ich meine Mutter nach einigen Wochen nach Somalia reisen lassen, sie hätte nicht viel von Wien erzählen können. Außer dem Flughafen, dem Krankenhaus und meiner Wohnung hatte sie noch nichts gesehen.

Aber alle Versuche, sie aus dem Haus zu bringen, wehrte sie mit Händen und Füßen und mit forscher Stimme ab.

Einmal wollte ich ihr unbedingt das Büro zeigen, in dem ich arbeite. Der Sitz der Waris-Dirie-Foundation befindet sich im zweihundertzwei Meter hohen Millenniumstower, Österreichs höchstem Bürogebäude. Man hat von dort oben einen wundervollen Blick über Wien.

»Wenn sie schon nicht auf die Straße will, dann fühlt sie sich vielleicht in einem geschlossenen Raum gut aufgehoben«, dachte ich mir.

Das Unternehmen endete vor der Tür des Millenniumstowers. Genauer gesagt schon im Taxi, das vor dem Eingang gehalten hatte. Gerade als meine Mutter aussteigen wollte, kam ein Mann mit einem Hund an der Leine vorbei. Sie hatte sofort Panik in den Augen, ließ sich blitzartig zurück ins Auto fallen.

»Mach die Tür zu, da draußen lauert eine unreine Bestie«, rief sie so laut, dass alle Welt es hören konnte.

Ich versuchte, sie zu beruhigen, redete auf sie ein.

»Mama, die Hunde hier in Wien werden alle an der Leine geführt. Das ist Vorschrift. Sie müssen auch Maulkörbe tragen. Es besteht kein Grund zur Sorge.«

Es nutzte alles nichts. Mama blockte ab, sie weigerte sich beharrlich, aus dem Taxi zu steigen. Es war eine skurrile Szene. Mama kauerte auf dem Rücksitz und hielt sich die Hände schützend über den Kopf. Ich saß daneben, wild gestikulierend. Dazu der Taxifahrer, der nicht wusste, wie er sich verhalten sollte.

So ging das eine Zeitlang, dann bog eine Frau mit einem Bernhardiner um die Ecke, und ich wusste im selben Augenblick, dass ich verloren hatte. Der Hund lief nämlich nicht an der Leine. Da konnte er noch so treuherzig dreinschauen und die Zunge süß aus dem Maul baumeln lassen. Aus, vorbei. Für meine Mutter war der Fall klar: In Wien auf die Straße zu gehen ist lebensgefährlich, weil überall riesenhafte unreine Hunde ohne Leine herumlaufen.

An ihren Augen konnte ich erkennen, dass sie tatsächlich Angst hatte. In Somalia gelten Menschen, die mit einem Hund in Kontakt geraten, als unrein. Bei unabsichtlichem Kontakt muss sich ein gläubiger Moslem speziellen rituellen

Waschungen nach den islamischen Reinigungsgeboten unterziehen.

Ich dachte mir: Mama, daheim in Somalia nimmst du es mit einem Rudel Hyänen auf. Hier fürchtest du Hunde. Wieder etwas, was ich nicht verstehen konnte.

Damit war klar: Wien konnte nicht ihre Stadt der Träume werden. Hier leben fast 50.000 offiziell gemeldete Hunde. Zählt man die illegalen dazu, sind es noch ein paar tausend mehr. Ich versuchte noch, Joanna und Walter in die Verhandlungen einzuschalten, aber es half alles nichts. Also gab ich mich geschlagen. Die Fahrt ging zurück zu meiner Wohnung. Von diesem Tag an setzte meine Mutter keinen Fuß mehr vor die Tür, während ihres ganzen Aufenthaltes in Wien nicht.

»Weißt du eigentlich, dass ich schwimmen gelernt habe?«, hörte ich mich eines Tages fragen.

Keine Ahnung, warum ich ausgerechnet jetzt Lust verspürte, meiner Mutter die alte Geschichte aus London zu erzählen.

»Schwimmen?«, fragte meine Mutter ungläubig. »Wozu das denn, hier gibt es doch kein Meer, oder?«

»Nein, nein«, antwortete ich, um nach einer kurzen Pause fortzufahren. »Du weißt doch, dass ich damals, als du mir geholfen hast, von daheim zu fliehen, mit dem Mann deiner Schwester Maruim nach London gekommen bin. Er war Botschafter dort.«

»Ja. Dein Onkel Mohammed Chama Farah ist gestorben, meine Schwester ist jetzt Witwe.«

Ich wusste davon, weil ich zu meiner Tante Maruim noch ab und zu Kontakt hatte, wenn ich einmal in London war.

Dann begann ich, von dem Schwimmbad in London zu erzählen, in das mein Onkel mich und meine Cousins regelmäßig mitnahm. Immer wenn ich ihnen beim Schwimmen und Springen zusah, sehnte ich mich danach, mich selber einmal furchtlos vom Dreimeterbrett ins tiefe Wasser stürzen zu können.

Aber ich konnte nicht schwimmen. Warum auch? Als Nomadenmädchen des Hochlands am Horn von Afrika, fernab vom Meer, hatten wir keine Gelegenheit und keinen Grund, schwimmen zu lernen. Und in Mogadischu nahm mich niemand an den Strand mit. Dabei habe ich das Meer schon immer geliebt. Besonders diesen salzigen Geruch.

Hier im Schwimmbad allerdings roch es nach Chlor, und ich ruderte im flachen Babybecken herum und musste mir anhören, wie mich meine Cousins aufzogen.

»Wir gingen oft in dieses Schwimmbad, Mama. Und jedes Mal, wenn ich sah, welchen Spaß die anderen im Wasser hatten, nahm ich mir vor: ›Irgendwann, Waris, springst du auch von da oben runter. Es wird schon funktionieren.‹«

Ich redete mir Mut zu. Das sieht doch gar nicht so schwer aus. Ein wenig mit Armen und Beinen rudern, dann würde ich schon mit meinem Kopf über der Wasseroberfläche bleiben.

Ich stand immer wieder in der Nähe des Aufgangs zum Dreimeterbrett. Eines Tages, nachdem mir die dummen Sprüche meiner Cousins zu sehr auf die Nerven gegangen waren, schlich ich auf den Turm. Es war niemand oben, was die Sache erleichterte. Ich ging entschlossen bis ans Ende des Sprungbretts. Als ich unter mir das tiefe, tanzende Wasser sah, schloss ich die Augen und sprang kopfüber hinein.

Mamas Augen hatten sich nach meinem letzten Satz geweitet. »Was ist dann passiert?«

»Ich ging unter wie ein Stein und krachte am Boden des Schwimmbeckens auf.«

Ich zeigte ihr die kleine Narbe an meinem Kinn, die mich heute noch an den Vorfall erinnert.

Sie besah sich die Narbe eingehend.

»Wer hat dir geholfen, aus dem Wasser zu kommen?«

»Der Bademeister hatte mich beobachtet. Als ich nicht gleich auftauchte, hechtete er ins Wasser und zog mich aus dem Becken.«

Nach einer Pause fügte ich hinzu: »Aber ich habe schließlich doch schwimmen gelernt. Nach diesem Vorfall haben mich nämlich meine Cousins ernst genommen und mir gezeigt, wie ich es anstellen kann, mir selbst das Schwimmen beizubringen. Onkel Mohammed hätte mir auch einen Schwimmkurs bezahlt, aber ich bin kein Kurstyp. Das war ich nie und werde ich nie sein.«

»Ich erinnere mich«, antwortete Mutter, »du hast immer deinen eigenen Kopf gehabt, und damit hast du dich auch fast immer durchgesetzt. Deshalb hast du ihn dir auch oft blutig geschlagen.«

»Ja, ich weiß«, stimmte ich zu.

»Dabei habe ich dir immer gesagt, dass die Dinge geschehen, wie sie geschehen müssen«, fuhr meine Mutter fort. »Und wir Frauen müssen uns fügen. Alles andere ist Allah nicht wohlgefällig.«

Ich hätte etwas sagen sollen in diesem Moment. Vielleicht, dass wir vor Allah alle gleich sind, egal ob Mann, Frau, Kind, schwarz oder weiß. Dass wir uns endlich wehren sollten gegen die ewige Bevormundung. Dass wir unsere Fesseln abwerfen sollten. Es ist kein Schicksal, dass die einen alles haben und die anderen gar nichts. Das kann nicht Allahs Wille sein.

Wir Menschen sind es, die der Welt eine Ordnung geben. Wir treffen die Einteilung nach Kasten, Religionen, Einkommensschichten, Hautfarben – und auch nach Geschlechtern. Niemand sonst, nur wir.

Aber da hatte sich meine Mutter schon abgewandt. Vielleicht hatte sie nicht gemerkt, wie mich ihr Satz im Innersten getroffen hatte. Vielleicht hat es sie auch gar nicht interessiert.

»Mach mir was zu essen. Ich bin hungrig«, sagte sie und rieb sich dabei schläfrig die Augen.

»Da muss ich erst noch einkaufen gehen. Ich bin noch nicht dazu gekommen, Besorgungen zu machen. Willst du mitgehen?«

Mama antwortete mit einem lauten Seufzer, der wohl bedeuten sollte: »Waris hat wieder einmal etwas nicht auf die Reihe gekriegt.« Mit einer Handbewegung forderte sie mich auf, mich zu beeilen.

Aber da hatte ich ohnehin schon die Einkaufstasche in der Hand. Ich wollte nur schnell raus aus der Wohnung, raus aus ihrer Enge.

Kapitel 7

Der Zusammenbruch

Als ich auf die Straße trat, erfasste mich ein eisiger Windstoß. Ich hatte in der Eile nur eine dünne Jacke übergezogen, und die Temperatur musste ein paar Grad unter null liegen. Ich lief den Donaukanal entlang. Langsam wurde mir warm. Es schneite jetzt nicht mehr, die Kälte hatte das Kommando übernommen. Jedes Ausatmen erzeugte eine kleine Dampfwolke. Ich lächelte in mich hinein. Was für ein Anblick das wohl gewesen sein muss! Die wutschnaubende Waris, die am Ufer eines Flusses entlanggaloppierte wie ein wild gewordenes Fohlen.

Ich war noch immer aufgebracht über das Gespräch mit meiner Mutter. Diese Verbohrtheit, diese Sturheit brachten mein Blut immer wieder in Wallung. Afrika hat so viele starke Frauen, sie könnten der Stolz des Kontinents sein. Aber stattdessen werden sie benachteiligt, unterdrückt, sexuell gedemütigt. Ein unseliger Mix aus falsch verstandener Tradition und Religion muss als Begründung dafür herhalten. Und was tun Frauen wie meine Mutter? Sie steigen nicht auf die Barrikaden, um dagegen anzukämpfen, sondern sie verteidigen dieses ungerechte System auch noch.

Kein Kamel der Welt läuft ein zweites Mal zu einem Wasserloch, das versiegt ist.

Ich raffte im Supermarkt schnell ein paar Lebensmittel zusammen, zahlte und war nach fünf Minuten wieder draußen. Ich hatte es plötzlich eilig, heimzukommen. Ich fühlte, dass der Tag der Aussprache gekommen war.

Als ich heimkam, lag Mama auf ihrem Matratzenlager im Wohnzimmer und sah fern. Sie würdigte mich keines Blickes.

Ich kochte uns schnell einen Brei und stellte ihn auf den Esstisch. Mutter stand umständlich auf und setzte sich neben mich. Wortlos begann sie, das Essen in sich hineinzuschaufeln.

»Kannst du dich an die Frau erinnern, die dich gemacht hat?«, fragte sie plötzlich.

Im ersten Augenblick dachte ich, mich verhört zu haben.

»Was hast du gesagt?«, fragte ich unsicher.

»Ob du dich an die Frau erinnern kannst, die dich gemacht hat, wollte ich wissen.«

Mir blieb das Essen im Hals stecken. Ich brachte im ersten Moment keinen Laut heraus. Ich war einfach nur sprachlos. Weil ich nichts sagte, redete Mutter einfach munter weiter – in einem Ton, als hätte sie mir gerade erzählt, wie das Wetter in den nächsten Tagen würde oder was es am Abend im Fernsehen gäbe.

»Die Frau, die dich gemacht hat, ist jetzt nämlich meine Nachbarin, und ich bin sehr stolz darauf, denn sie ist eine angesehene Frau in unserem Clan.«

Da verlor ich die Kontrolle über mich. Ich wusste nicht, was im nächsten Augenblick passieren würde. Beginne ich zu weinen, zu schreien, oder falle ich ohnmächtig zu Boden? Ich sprang so heftig auf, dass der Stuhl umfiel, und rannte ins Badezimmer. Ich drehte den Wasserhahn auf und ließ kaltes Wasser über meinen Kopf laufen. Ich weiß nicht, wie lange ich vornübergebeugt dastand, aber es half. Ich trocknete notdürftig meine Haare ab und ging ins Wohnzimmer zurück.

Mutter hatte inzwischen ihren Brei aufgegessen. Sie sah mich ratlos an. Ich spürte, dass sie in meinem Gesicht lesen wollte. War es tatsächlich so, dass sie nicht wusste, wie weh mir ihre Worte taten?

Ich hatte nicht lange Zeit, darüber nachzudenken, denn Mama legte sofort nach.

»Die Frau, die dich beschnitten hat, ist jetzt schon so alt«, sagte sie mit hörbarem Stolz in der Stimme. »Aber sie schafft es immer noch, mehrere Mädchen am Tag zu machen. Manchmal sind es bis zu zehn.«

In diesem Augenblick empfand ich nur noch Wut, ohnmächtige Wut. Ich schrie Mutter an.

»Wie kannst du nur auf so etwas stolz sein? Diese Frau ist eine alte Hexe. Sie macht Mädchen unglücklich für ihr ganzes Leben. Hast du denn deine eigene Verstümmelung vergessen? Kannst du dich nicht mehr erinnern, welche Schmerzen ich hatte, wie laut ich gebrüllt habe, als sich die Beschneiderin mit der Rasierklinge an mir zu schaffen machte?«

Mutter brüllte zurück.

»Das ist unsere Tradition! Wir machen das so, seit ich denken kann. Jeder tut es, jede Familie, jeder Stamm, jeder Clan, und es wird auch so bleiben. Ich werde alles dafür tun, dass es so bleibt.«

»Aber warum nur, Mutter. Warum klammert ihr euch an eine Tradition, die so unheimlich viel Leid verursacht?«

Mutter lehnte sich im Sessel zurück, sie hatte ihre Fassung wiedergefunden.

»Es verursacht kein Leid, Waris, es macht uns stolz«, sagte sie mit ruhiger Stimme. »Die Beschneidung macht uns erst zu richtigen Frauen. Vorher sind wir unrein, danach vollwertige Mitglieder der Gesellschaft.«

»Mama, wenn du dich nur hören könntest. Was für ein himmelschreiender Unsinn. Wir müssen höllische Schmerzen ertragen, uns verstümmeln lassen, damit wir in eine Gemeinschaft aufgenommen werden. Das ist es, was du sagen willst. Und alle Schmerzen und Leiden sollen wir erdulden, allein weil es eine kranke Tradition vorschreibt.«

»Du solltest dich hüten, unsere Sitten und Bräuche als krank zu bezeichnen. Ich sehe schon, du hast dich weit von uns entfernt, ganz weit. Du denkst nicht mehr wie ein Somali, und du fühlst nicht mehr wie ein Somali. Du bist kein Kind der Wüste mehr.«

Ich versuchte, die Tränen zurückzuhalten.

»Das stimmt nicht, Mama. Ich liebe Somalia, das ist meine Heimat, und das wird immer so bleiben. Es vergeht kein Tag, an dem ich mich nicht nach der Wüste sehne, nach meiner Familie, nach dir. Aber ich habe inzwischen so viele Mädchen und Frauen getroffen, die Opfer dieser sinnlosen Verstümmelung wurden. Als Kind dachte ich, niemand auf der Welt hätte Ähnliches zu ertragen gehabt. Aber dann hörte ich die Geschichten dieser Opfer, sie erzählten mir von ihren Schmerzen, wie sie heute noch darunter leiden, keine Liebe empfinden zu können, keine Lust zu haben und darüber nicht reden zu können. Mama, diese Geschichten verfolgen mich in meinen Träumen. Diese Erzählungen haben sich stärker in mein Herz gebrannt als die Liebe zu meiner Heimat.«

Mutter machte eine wegwerfende Handbewegung.

»Wenn du noch in Somalia leben würdest, dann würdest du anders darüber denken. Eine Frau, die nicht gemacht ist, hat keine Chance, einen Mann zu finden. Sie bringt Schande über ihre Familie.«

»Wenn ich in Somalia geblieben wäre, dann würde ich heute nicht anders darüber denken, Mama. Es ist nicht die Schande über die unreine Tochter, die euch Sorgen und Kummer bereitet. Es ist das Geld. Ich weiß doch, wie es ist. Wer seine Tochter einem Mann zur Frau gibt, bekommt Geld, Kamele dafür. Eine unverstümmelte Frau kann nicht verkauft werden. Sie ist wertlos, wertloser als ein Stück Vieh.«

Jetzt hatte auch Mutter Tränen in den Augen.

»Das habe ich nicht verdient, Waris. Das habe ich nicht verdient. Ich habe dir damals geholfen, von daheim zu flüchten, obwohl es mir das Herz brach, als ich dich in die Wüste davonlaufen sah. Aber ich habe dein Wohl über das meine gestellt. Und jetzt sitze ich in deiner Wohnung in Wien und bekomme nichts zu hören als Vorwürfe und Anschuldigungen.«

»Ich weiß, Mama, dass du mir damals geholfen hast«, antwortete ich sanft. »Dafür werde ich dir auch ewig dankbar sein. Glaub mir. Aber ich werde jeden Tag meines Lebens daran erinnert, was mir als Kind angetan wurde. Ich habe jeden Tag Schmerzen. Einmal im Monat, während meiner Periode, sind die Schmerzen so stark, dass ich nicht einmal mehr aus dem Bett aufstehen kann. Ich schlucke Tabletten gegen den Schmerz, aber sie helfen kaum. Es ist, als ob dir jemand ein Messer in den Bauch rammen würde. Ich liege oft drei Tage im Bett, ich versperre die Tür, weil ich niemanden sehen kann in diesen Tagen. Ich muss für mich allein sein, allein mit meinen Qualen. Und das alles, weil einer sinnlosen Tradition Genüge getan werden muss. Das ist keine Tradition. Das ist Perversion.«

Ich sprang auf und lief ins Arbeitszimmer, in dem ich alles aufbewahre, was mir wichtig ist. Ich benötigte nur einen kurzen Moment, dann hatte ich die Videokassette gefunden, die mir einst Linda Weil-Curiel gegeben hatte. Das Band zeigt die Genitalverstümmelung eines Mädchens. Es ist zehn, vielleicht zwölf Jahre alt. Linda spielt das Video in ihren Gerichtsprozessen vor. Es ist jedes Mal schockierend, selbst wenn man es schon mehrmals gesehen hat. Dabei wird einfach nur die Wirklichkeit abgebildet, alles wird genau so gezeigt, wie es ist. Man kann mit Worten viel erreichen, aber gegen die Macht der Bilder können Sätze nichts ausrichten. Die Grausamkeit der Verstümmelung, die durchdringenden Schreie des Mädchens vergisst man nie. Und niemand ist da, der die Kleine in die Arme nimmt, tröstet, ihr hilft.

»Warum hast du mich nicht beschützt?«, stammelte ich. »Warum hast du mich nicht davor beschützt, Mama?«

Ich schob das Videoband in den Rekorder.

»Sieh dir das an, Mama«, rief ich und deutete auf den Fernseher. »Da siehst du, was ihr anrichtet. Das Mädchen macht das Gleiche durch wie ich damals. Mama, hörst du, wie das Mädchen schreit? Mama, hörst du mich nicht schreien?«

Meine Mutter wusste im ersten Augenblick nicht, wie ihr geschah. Sie hatte keine Ahnung, was auf dem Video zu sehen war, ich hatte ihr nie davon erzählt.

Was sie beim Anblick der Bilder empfand, ob die fürchterlichen Schreie sie in ihrem Innersten genauso trafen wie mich – ich weiß es nicht, ich weiß es bis heute nicht.

Nach ein paar Minuten stand sie auf und legte sich auf ihre Matratze.

»Ich will das nicht sehen, Waris.«

Mutter zog die Decke über ihren Kopf und sprach für den Rest des Abends kein Wort mehr mit mir.

Ich nahm das Video aus dem Rekorder, steckte es in die Hülle und brachte es an den Platz zurück, von dem ich es geholt hatte. Ich fühlte mich innerlich leer, ausgebrannt.

»Wie viele Mädchen sind daran gestorben, Mutter, wie viele?«, sagte ich leise. Ich wusste, sie hörte mich nicht mehr.

* * *

Mama, es gibt in Europa ein Sprichwort, das heißt: »Die Zeit heilt alle Wunden.« Bei mir, Mama, ist es genau umgekehrt. Je älter ich werde, desto brutaler hält mich meine Vergangenheit gepackt.

Manchmal fühle ich mich stark und uneinnehmbar wie ein Felsen im Meer. Aber es genügt eine Kleinigkeit, und die Erlebnisse meiner Kindheit greifen wieder nach mir, das Schicksal schüttelt mich durch und lässt mich nicht mehr los.

Im Frühjahr 2004 war ich in Paris, um meine Freundin Linda Weil-Curiel zu besuchen. Sie ist Rechtsanwältin und vertritt vor Gericht Mädchen, die von ihren Eltern genital verstümmelt worden sind. Ich habe an einem dieser Prozesse teilgenommen und tiefe Befriedigung darüber empfunden, dass die Täter nicht straflos davongekommen sind.

Am Tag nach dem Prozess war ich bei einem Arzt in der Nähe von Paris. Er heißt Dr. Pierre Foldes und arbeitet als Chirurg in einem Krankenhaus in Saint-Germain-en-Laye. Bis heute frage ich mich, warum ich mich entschloss, den Arzt zu besuchen. Wollte ich mich auf radikale Art und Weise mit meiner Vergangenheit konfrontieren, um sie so für immer und ewig loszuwerden? Hielt ich mich für so stark und gefestigt, dass ich durch nichts zu erschüttern wäre?

Ich schreibe dir dies deshalb, Mama, damit du siehst, wie sehr ich auch heute noch darunter leide, was mir als Kind angetan wurde. Denn ich erlebe meine Verstümmelung immer wieder und wieder aufs Neue. Es ist wie Kino im Kopf, und es läuft jedes Mal derselbe Gruselfilm. Ich sehe mich als Fünfjährige bei der Verstümmelung, mir wird heiß und kalt, ich bekomme kaum Luft. Ich weiß keinen Ausweg.

Das Gespräch mit Dr. Foldes endete für mich in einem Zusammenbruch, und ich brauchte mehrere Wochen, um wieder auf die Beine zu kommen. Bilder aus meiner Vergangenheit kehrten zurück, und das mit einer Härte, dass ich den Boden

unter den Füßen verlor. Ich habe darüber in meinem Buch Schmerzenskinder *geschrieben, jetzt sollst auch du davon erfahren, Mama.*
Dr. Foldes ist ein großer, freundlicher Mann, grauhaarig. Er ist Urologe und Chirurg. Als ich bei ihm war, warteten vor seinem Behandlungszimmer bereits einige afrikanische Frauen auf eine Untersuchung. Dr. Foldes hat eine Methode entwickelt, mit der er genital verstümmelte Frauen rückoperiert. Ja, Mama, er macht beinahe alles so, wie es war, sogar die Klitoris stellt er wieder her.
Der Arzt hat mir genau erklärt, wie er die Frauen operiert, seine Operationstechnik, und es hat sich alles sehr gut angehört. Aber dann, plötzlich, hat er mir Fotos vorgelegt: zwanzig Bilder von verstümmelten und wiederhergestellten Vaginen von kleinen Mädchen und erwachsenen Frauen, um mir seine Erfolge zu demonstrieren. Ich habe auf diese Bilder gestarrt, und vor meinen Augen ist plötzlich meine eigene Genitalverstümmelung wie ein bizarrer Film abgelaufen. Ich habe die Toilette aufgesucht, die Tür abgesperrt und zu weinen begonnen. Ich habe versucht, mich unter Kontrolle zu bekommen, aber es war unmöglich. Der Schmerz wurde immer heftiger. Der Film vor meinen Augen ist einfach nicht mehr verschwunden.
Glücklicherweise war Joanna bei mir. Sie hat mich in unser Hotel zurückgefahren. Ich habe mich ins Bett gelegt. Mir wurde abwechselnd eiskalt, dann wieder schrecklich heiß. Mein Körper zitterte, und ich musste mich mehrmals übergeben. Joanna begann, von ihrem eigenen harten Leben in Polen zu erzählen, um mich abzulenken, aber der Film in meinem Kopf lief weiter.
Ich habe Dutzende Male über meine Genitalverstümmelung gesprochen, oft vor Hunderten von Leuten. Das war nicht immer angenehm, schließlich kehrt man dabei sein Innerstes

nach außen. Ich habe darüber geschrieben. Ich habe gedacht, dass ich diesen Alptraum bewältigt habe. Aber das ist leider nicht der Fall. Ich werde wohl mein ganzes Leben an diesem Trauma zu leiden haben.

* * *

Am nächsten Morgen stand Mutter auf und tat so, als wäre nichts gewesen. Ihre Augen verrieten mir, dass sie wenig geschlafen hatte, aber sie verlor kein Wort darüber. Und ich hatte nicht die Kraft, sie auf den vergangenen Abend anzusprechen. Mehrere Tage lang lebten wir nebeneinanderher in meiner kleinen Wohnung. Wir gingen uns aus dem Weg, so gut es ging, wir redeten nur das Notwendigste. Ich schlief viel, doch je länger ich im Bett lag, desto müder wurde ich. Die Hoffnungslosigkeit breitete sich wie eine Krankheit in meinem Körper aus. Ich fühlte mich unendlich einsam. Lange Zeit war ich allein in meiner Wohnung gewesen. Jetzt, da meine Mutter hier war, konnte ich die Einsamkeit erst richtig spüren.

Leider spitzte sich die Lage weiter zu. Mein Bruder Mohammed aus England kam zu Besuch und wenig später meine jüngere Schwester Xalva, die als Flüchtling in der Schweiz lebte. Die beiden trugen nicht dazu bei, dass sich das Klima zwischen meiner Mutter und mir besserte. Das Gegenteil trat ein. Mohammed und Xalva schlugen sich schnell auf ihre Seite, ich wurde zur Außenseiterin gestempelt. In meiner winzigen Wohnung lebten fortan zwei unversöhnliche Gruppen. Auf der einen Seite stand Mutter mit Xalva und Mohammed, die ihr nach dem Mund redeten. Auf der anderen Seite war ich, Waris, die undankbare Tochter, die widerborstig alles verweigerte, was angeblich die Tradition von Familie und Land ausmacht.

Wie ich diese Situation hasste. Aber ich konnte wenig dagegen tun.

Xalva ist genauso, wie Mutter es sich von einer Tochter wünscht. Sie ist mit einem Moslem verheiratet, trägt lange somalische Kleidung und geht immer verschleiert auf die Straße. Sie betet fünfmal am Tag gen Mekka.

Und Mohammed ist Mutters ältester Sohn. Er konnte bei ihr sowieso schon immer tun und lassen, was er wollte.

Als meine Geschwister ein paar Tage da waren, begann meine Mutter ihnen von unserem Streit zu erzählen. Mohammed und Xalva schlugen sich sofort auf ihre Seite. Ich hatte nun drei Gegner, aber der Kampf blieb derselbe. Tradition, Religion, Familienehre – meine Mutter wiederholte alle ihre Argumente und ich die meinen.

»Die Beschneidung ist Allahs Wille«, schleuderte mir meine Mutter trotzig entgegen.

»Du weißt wie ich, dass viele nach dieser Verstümmelung einfach gestorben sind. Auch eine meiner Schwestern«, antwortete ich unter Tränen. »Mutter, du hast sie einfach vergraben, nachdem sie verblutet war. Sag nicht, es ist Allahs Wille. Das kann nicht Allahs Wille sein, dass seine Töchter absichtlich verstümmelt werden, um zu verbluten.«

Ich rüttelte an ihren Schultern wie an einem Dattelbaum, der reiche Ernte verspricht.

»Geh weg, erzähl mir nichts. Lass mich in Ruhe.« Sie riss sich einfach los.

Wie in Trance lief ich Richtung Wohnungstür. Ich zog mir rasch eine Jacke an und schnürte meine Turnschuhe. Dann knallte ich die Wohnungstür zu, sprang die Treppen hinunter und war nach wenigen Sätzen unten auf der Straße. Ich bog sofort Richtung Donaukanal ab. Ich wollte schnell weg von der Straße, ich ertrug den Lärm einfach nicht.

Es war ein wunderschöner, klarer Wintertag. Die Sonne

bemühte sich redlich, ein wenig Wärme zu spenden, und die Luft war klar und roch nach Schnee. Ich beschloss, stromaufwärts in Richtung Donauinsel zu marschieren. In Gedanken ging ich die Geschehnisse der letzten Tage noch einmal durch. Was war passiert, seit meine Geschwister zu mir nach Wien gekommen waren, um Mutter und mich zu besuchen?

Das Geklingel eines Radfahrers riss mich aus den Gedanken. Ich hatte nicht aufgepasst und war vom Gehweg auf den Radfahrweg geraten. Geistesgegenwärtig machte ich einen Sprung zur Seite und landete auf der schneebedeckten Böschung. Ich hob entschuldigend die Hand. Der Radfahrer schien durch meine Geste besänftigt und grinste.

Ich schüttelte den Schnee ab, schnürte meine Laufschuhe fester und begann loszurennen. Ich trabte erst einen Gehweg entlang, dann durch eine Unterführung, die kurze Steigung zur Fußgängerbrücke hoch, dann über die Donaubrücke. Es pfiff ein eisiger Wind, ich schob meine Jacke etwas höher, so weit, dass fast nichts mehr vom Gesicht zu sehen war.

Als ich am anderen Ufer angekommen war, entschied ich, bis ans Ende der Donauinsel zu laufen. »Das ist ja nicht mehr weit«, sagte ich halblaut zu mir, ballte die Fäuste und verschärfte mein Tempo. Während der Schnee unter mir knirschte, kamen wieder die Bilder der letzten Tage in mir hoch.

Im ersten Augenblick war die Freude grenzenlos gewesen. Mohammed, mein großer Bruder, stand vor der Tür. Er wollte uns besuchen, und ich hatte ihm den Flug von Manchester hierher bezahlt. Meine kleine Schwester Xalva hatte ebenfalls angerufen, und auch ihr hatte ich Geld geschickt, damit sie von Genf nach Wien fliegen konnte. Als beide da waren, begannen Mamas Augen zu leuchten. Sie wirkte so glücklich, als wir alle zusammen im Wohnzimmer saßen und Tee tranken. Sie lachte so laut, wie ich es lange nicht mehr von ihr gehört hatte, und sie erzählte Geschichten wie damals in meiner Kindheit.

Ich habe Mutters Humor immer schon gemocht, und ich kenne keinen Menschen auf der Welt, der besser erzählen kann als sie. Es war schön, sie über unsere Heimat reden zu hören. Man konnte fast glauben, Somalia sei eines der gesegnetsten Länder dieser Erde. Die heimatlichen Hütten tauchten vor meinem geistigen Auge auf, die Kamel- und Ziegenherden, die Familienfeiern, der Wüstenwind und das gemeinsame Lagerfeuer. Dieser eine Abend, als wir nur ihren Geschichten lauschten, war der beglückendste, den ich seit langem erlebt hatte. Wir schliefen alle im selben Raum. Fast wie früher in unserer Hütte lagen wir auf dem Boden, auf einem Matratzenlager. Mutter und Töchter, Körper an Körper aneinandergeschmiegt – hier in meiner Wohnung in Wien. Mohammed blieb auch bei uns und schlief auf seiner eigenen Matratze. Wir waren wieder eine kleine glückliche somalische Familie. Mitten in Wien. Für einen Abend.

Nachdem ich die ersten zwei Kilometer gelaufen war, wurde mir langsam wohlig warm. Ich spürte, wie die Hitze meinen gesamten Körper durchströmte. Vor mir sah ich eine Gabelung, und dieses Mal nahm ich den einen Weg, den ich noch niemals entlanggelaufen war. Ich hatte Lust, Neues auszuprobieren.

Vielleicht hatte ich mich zu sehr verändert, vielleicht sind wir alle zu verschieden, aber ich fühlte mich schon bald unbehaglich mit Mutter und meinen Geschwistern in meiner Wohnung. Es fing damit an, dass ich von allen gehänselt wurde, weil mein Somali ziemlich eingerostet war. Ich verwechselte Wörter und brachte einige Dialekte durcheinander. Dafür erntete ich zuerst noch große Lacher, die aber schnell in Sticheleien umschlugen.

»Hört nur, sie hat sogar unsere Sprache verlernt«, lachte Mutter, und meine Geschwister kicherten mit.

Dann begannen alle, mich somalische Vokabeln abzufragen. Ein Spiel, bei dem ich nur verlieren konnte. Das alles nahm ich zu diesem Zeitpunkt jedoch weder ernst noch tragisch. Aber die Situation spitzte sich zu.

Mit jedem weiteren Tag kritisierte mich meine Mutter immer heftiger. Sie hatte an allem etwas auszusetzen. Erst passte es ihr nicht, wie ich mich kleide, dann, wie ich meine Haare trage.

»Kann jemand dieser Frau helfen?«, rief sie eines Morgens.

Meine Nerven waren da schon gespannt wie Drahtseile, denn wie üblich stand ich als einzige in der Küche und bereitete das Frühstück zu. Niemand, nicht meine Mutter, nicht meine Schwester und schon gar nicht mein Bruder, bot mir jemals Hilfe an, nicht einmal einen Dank hatten sie für mich übrig.

Dafür konnte Mutter für Xalva nicht genug Worte des Lobes finden. Sie wurde mir stets als leuchtendes Vorbild hingestellt. Xalva und Mohammed sprechen selbstverständlich perfekt Somali, und sie fühlten sich durch die Sticheleien ermutigt, verbal nachzulegen. »Sie hat unsere Sprache vergessen, sie hat vergessen, wie sich ein Somali anzieht, sie ist eine kleine Europäerin geworden.« Das waren ihre Sprüche.

Ich war in meinen eigenen vier Wänden zur Außenseiterin geworden. Meine drei Gäste hatten sich gegen mich verbündet. Ich fühlte mich in meiner eigenen Familie seltsam fremd, fühlte mich ungeliebt und fern. Dabei suchte ich das Gespräch mit meinen Geschwistern. Ich fragte Xalva, warum sie in die Schweiz gegangen sei.

»Es war Allahs Wille«, antwortete sie.

Ich fragte sie, ob sie denn schon die Sprache gelernt hätte.

»Noch nicht, aber mein Mann überlegt, mich den von der Schweizer Regierung angebotenen Französisch-Sprachkurs besuchen zu lassen.«

Ich riet ihr, unbedingt hinzugehen, schließlich lebte sie ja schon mehrere Jahre in der Schweiz.

Integration scheint nicht die Sache der Somalis zu sein. Auch mein Bruder Mohammed lebt heute noch ziemlich abgeschottet in einer somalischen Community in Manchester. Immerhin spricht er Englisch. Aber er ist ja auch ein Mann.

Ich hielt im Laufen inne. Ich war verärgert, aber ich musste mir jetzt eingestehen, dass viel von meinem Groll auch mir selbst galt. Warum hatte ich mich in dieser Familie in den letzten Jahren auch in diese Rolle drängen lassen? Warum ließ ich es zu, dass ich immer der gebende Teil war? Warum ließ ich mich ständig hänseln, beleidigen, und warum war mir dabei immer anzusehen, dass mich das kränkte? Nach all den Versuchen, über meine Arbeit und meine Anliegen zu sprechen, musste ich nüchtern feststellen, dass das in dieser Familie niemanden interessierte. Meine Geschwister riefen mich ohnehin nur an, wenn sie Geld brauchten. Sie fragten niemals: »Wie geht es dir? Was machst du? Wie läuft deine Arbeit?« Nichts dergleichen.

Das Laufen hatte mir gutgetan. Mittlerweile war ich am Ende der Donauinsel angelangt. Ich stand am äußersten Zipfel dieser künstlich errichteten Insel, die Wien vor Überschwemmungen schützen soll. Ich kletterte auf einen großen Stein, der das Wasser zu spalten schien, und atmete tief ein und aus. Der Wind blies mir ins Gesicht, und ich war beeindruckt von der Gewalt des Wassers, das links und rechts an mir vorbeizog.

In diesem Augenblick wurde mir klar, dass meine Wege und die Wege meiner Mutter immer andere sein würden. Ich drehte mich auf dem Absatz um und lief nach Hause.

Wenige Tage später verließ Mama Österreich.

KAPITEL 8

Das neue Leben

Ich sitze auf dem Wohnzimmerteppich und sehe den Fernseher auf mich zukommen. Ganz langsam. Er rückt vor. Nur ein kleines Stück. Dann steht er still. Dann schiebt er sich wieder nach vorne. Dann wieder Pause. Dann erneut ein kleines Stück vor. Wieder Pause. Jetzt ist er zum Greifen nah.

Ich spüre die Fernbedienung in meinen Händen. Aber als ich hinblicke, beginnt sie sich zu verformen wie weiche Seife. Ich drücke zu, um sie festzuhalten, aber sie droht mir aus der Hand zu flutschen. Ich packe fester zu und noch fester, plötzlich macht es laut »krtschksch«. Ich habe die Fernbedienung zu Brei zerdrückt. Meine Hand beginnt furchtbar zu bluten, aber ich merke es erst, als Blut auf den Teppich tropft. Ich blicke hoch und sehe, dass der Fernseher sich jetzt wieder dort befindet, wo er immer steht. Oder ist er ein Stück nach hinten gerutscht?

Ich springe auf und renne ins Badezimmer. Ich ziehe eine Spur aus Blutstropfen hinter mir her. Im Bad merke ich, dass die Wanne voll Wasser ist.

»Seltsam«, denke ich. »Ich erinnere mich gar nicht, mir ein Bad eingelassen zu haben.«

Ich blicke genauer hin und sehe das Spiegelbild meiner

Mutter auf der Wasseroberfläche. Sie schaut mich fragend an.

»Mama«, rufe ich und greife mit der Hand ins Wasser.

Das Spiegelbild verschwindet, dafür beginnt sich das Wasser blutrot zu färben. Ich spüre einen brennenden Schmerz und zucke zurück. Das Wasser fühlt sich eiskalt an. Ich falle auf die Knie und beginne zu weinen. Dann verliere ich das Bewusstsein.

Ich weiß nicht, wie lange ich weggetreten bin. Ein paar Minuten? Eine Stunde? Länger? Als ich wieder zu Bewusstsein komme, liege ich ausgestreckt auf dem Boden. Die Haare kleben an meinem Nacken, das Blut auf meiner Hand ist getrocknet.

Ich höre, wie es an der Tür Sturm läutet. Bin ich davon wach geworden?

Ich sammle mich, stehe auf und wanke zur Tür. Mir ist speiübel, aber ich bin wieder einigermaßen klar im Kopf. Ich öffne, Walter steht vor der Tür. Er hat sein Dackelgesicht aufgesetzt, wie immer, wenn er sich Sorgen um mich macht.

»Waris, wie siehst du denn aus«, ruft er erschrocken.

Ich blicke in den Flurspiegel und weiche entsetzt zurück. Ich habe ein weißes T-Shirt an, über das sich mehrere Blutflecken verteilen. Mein Gesicht ist aufgedunsen, die Augen geschwollen. Alles in allem sehe ich aus, als hätte ich eine unliebsame Begegnung mit einem Preisboxer gehabt.

»Waris, wir versuchen dich seit Tagen zu erreichen«, redet Walter sanft weiter. »Dein Handy ist ausgeschaltet, und du öffnest niemandem die Tür. Alle machen sich große Sorgen um dich.«

»Ich bin okay«, höre ich mich antworten. »Aber bitte geh, ich will allein sein.«

Doch Walter lässt sich nicht so einfach wegschicken.

»Waris, ich sehe, dass es dir nicht gutgeht. Lass uns reden.«

»Ich will mit niemandem reden«, knurre ich. »Ich brauche niemanden.«

»Ich habe einen Vorschlag«, antwortet Walter. »Lass mich nur fünf Minuten rein, dann gehe ich wieder.«

»Na gut, aber nur fünf Minuten.«

Aus diesen fünf Minuten wurden fünf Stunden. Ich erzählte ihm die ganze Geschichte. Alles, was passiert war, seit Mutter mich verlassen hatte. Walter hörte zu, er hörte mir einfach nur zu.

Mama war mit Mohammed nach Manchester geflogen. Sie wollte ein paar Wochen in England bleiben, dann weiter zu Xalva in die Schweiz reisen.

»Ich möchte meine Enkelkinder sehen«, sagte sie. Ob auch in diesem Satz ein Vorwurf mitschwang, weil Aleeke, mein Sohn, nicht hier war, als sie mich in Wien besuchte?

Die letzten Tage vor dem Abflug gab es keinen Streit, kein lautes Wort mehr. Alles war gesagt, keiner hatte mehr Kraft für eine neue Auseinandersetzung. Ich hielt still, weil ich mit Mutter nicht im Zwist auseinandergehen wollte. Ich musste mir außerdem eingestehen, dass einiges von dem, was sie mir gesagt hatte, wie ein Kloß in meinem Hals stecken geblieben war. War ich zu ungeduldig mit ihr? Brachte ich zu wenig Verständnis für sie auf? War ich undankbar? Es stimmte, Mutter hatte mir damals geholfen, aus der Wüste zu fliehen. Sie war mein Felsen, als ich ein Kind war. Ich verdanke ihr, was ich heute bin.

Ich begleitete meine Mutter zum Flughafen. Wir umarmten uns, und ich spürte ihre Liebe. Mama hatte ihr buntes, weites somalisches Kleid an, dazu trug sie viele goldene Ketten und Ringe. Sie mag es so, und sie sah so wunderschön aus.

Ich beobachtete, wie sie durch die Passkontrolle ging. Sie blickte sich noch einmal um. Wir sahen uns tief in die Augen, Mutter und Tochter. Ich hatte den Eindruck, Tränen zu sehen. Ich jedenfalls weinte. Ich stand einige Minuten lang regungslos da. Von Mutter war längst schon nichts mehr zu sehen.

»Wir sehen uns bald wieder«, sagte ich leise. »Wir sehen uns sicher bald wieder.«

Als Mutter weg war, verspürte ich eine entsetzliche Leere. Ich kehrte in die Wohnung zurück, aber plötzlich kam sie mir kalt und abweisend vor. Ich kauerte mich auf die Matratze, die für einige Wochen Heimstatt meiner Mutter gewesen war. Ich fühlte mich unendlich traurig. So traurig wie ein verlorenes Kind in der Wüste.

»Mama, ich brauche dich«, flüsterte ich. »Ich brauche dich, wie die Wüste den Regen braucht. Ich brauche dich wie die Blumen die Sonne, ich brauche dich wie ein Baby die Wärme seiner Mutter. Mein Herz schreit nach dir.«

In der Wohnung ließ ich alles so, wie es war, als Mama noch da war. Polster, Decken, Tücher, die sie verwendet hatte, alles blieb liegen. Ich spielte ihre somalische Lieblingsmusik auf meinem CD-Player. Ich versuchte zu malen, aber das Zeichenpapier blieb lange weiß. Ich war antriebslos, verließ das Haus tagelang nicht. Ich war einsam, aber trotzdem wollte ich niemanden sehen, mit niemandem reden. Ich hätte alles Geld der Welt dafür gegeben, dass Mama zurückkäme.

Das Wetter in Wien war grauenhaft. Es war der kälteste Winter seit langem. Die Sonne zeigte sich nur selten.

Ich rief meinen Sohn Aleeke an. Ich wollte seine Stimme hören. Ich hatte mit meinem ehemaligen Mann vereinbart, dass ich Aleeke in wenigen Wochen holen sollte, um mit ihm gemeinsam in Urlaub zu fahren. Ich freute mich darauf mindestens so wie er.

Walter blickte mir erwartungsvoll ins Gesicht. »Waris, du wolltest mir erzählen, was passiert ist. Warum hast du dich tagelang nicht bei mir gemeldet?«

Ich nahm all meinen Mut zusammen und fuhr fort. Einige Tage nachdem Mutter fort war, läutete es plötzlich an meiner Wohnungstür. Ein Freund aus Afrika stand davor. Er lebt in Wien und hat hier Asyl beantragt. Er blickte mich an und war sehr besorgt. Ich schickte ihn weg. Aber kurze Zeit später war er wieder da. Mit einer Einkaufstasche gefüllt mit »bad water«.

»Waris, trink einen Schluck, dann wird es dir bessergehen«, sagte er. Leider blieb es nicht bei dem einen Schluck. Mein Freund schüttete mir sein Herz aus und ich ihm meines. Er erzählte mir von den furchtbaren Erlebnissen seiner Flucht und den Demütigungen als Asylbewerber in Wien. Ich erinnerte mich an meine Zeit in London, nach meiner Flucht aus der somalischen Botschaft. Wochenlang hatte ich kein Dach über dem Kopf und musste auf der Straße schlafen. Erst eine Freundin half mir, irgendwo unterzukommen. Er erzählte, und ich erzählte. Wir tranken und der Teufel hatte mich wieder zu sich geholt.

Am nächsten Tag wachte ich mit einem furchtbaren Brummschädel auf. Es war schon Nachmittag, und es klopfte an der Tür. Mein afrikanischer Freund war da und überredete mich, in einen Club mitzukommen, in dem fast nur Afrikaner verkehren. Ich wollte ausgehen, ich wollte den Nebel in meinem Kopf loswerden. Wir blieben die ganze Nacht im Club, und ich tanzte die meiste Zeit, um meine Sorgen, meine Ängste und meine Frustration abzuschütteln.

Der Morgen graute schon, als ich in meine Wohnung zurückkehrte. Kaum war die Tür ins Schloss gefallen, empfand ich wieder diese unglaubliche Leere, diese Kälte in mir. Aber ich war zu müde und hatte wohl auch zu viel von dem Teufelszeug in mir, um mich lange mit mir selber zu beschäftigen. Ich schlief auf der Couch in meinem Wohnzimmer erschöpft ein und wurde erst durch lautes Klopfen an meiner Wohnungstür geweckt. Ich ging zur Tür und öffnete. Davor stand ein weiteres Mal mein afrikanischer Freund. Aber diesmal war er nicht allein. Er hatte einige Bekannte mitgebracht.

»Hallo, Waris, wir haben gehört, dass es dir schlechtgeht«, sagte einer aus der Gruppe. »Wir sind gekommen, um dich aufzuheitern, und haben afrikanisches Essen mitgebracht.«

Ich war noch zu verschlafen, um die Leute gleich wieder hinauszukomplimentieren. Ehe ich mich's versah, stand die Truppe schon in meiner Küche. Einer war Koch in einem sehr guten Wiener Restaurant, und er zauberte rasch ein tolles Essen für alle.

Irgendwann bat ich die Afrikaner freundlich, zu gehen. Anschließend legte ich die CD mit meiner somalischen Lieblingsmusik ein und ließ mich auf dem Wohnzimmerteppich nieder. Ich nahm die Decke, die Mutter immer verwendet hatte, und kuschelte mich hinein, drückte die Decke in mein Gesicht, an meine Nase, um Mama zu riechen. Ich wollte diesen Geruch, der mir als Kind so vertraut war, in mir aufnehmen. In diesem Augenblick empfand ich große Wärme und Liebe. Irgendwann war die Musik zu Ende, und ich schlief ein.

Als ich aufwachte, war es war furchtbar kalt in meiner Wohnung, und selbst die Decke konnte mich nicht mehr wärmen. Außerdem bekam ich schreckliche Bauchschmerzen. Meine Periode hatte begonnen. Mir wurde plötzlich ganz heiß, ich fürchtete mich wie jeden Monat vor dieser Zeit. Auch diesmal krümmte ich mich bald vor Schmerzen auf meiner Couch. Ich stöhnte und schrie. Niemand war da, der mir helfen konnte.

Die Stiche in meinem Unterleib wurden immer stärker. Ich ging in die Küche und suchte nach schmerzstillenden Tabletten, die ich für solche Tage vorrätig habe, aber es waren keine mehr da. Meine afrikanischen Freunde hatten noch einige Flaschen »bad water« zurückgelassen, und ich begann zu trinken ...

Was danach passierte? Daran erinnere ich mich nicht mehr. Filmriss. Bis zu jenem Zeitpunkt, als der Fernseher auf mich zukam und die Fernbedienung zur Seife wurde ...

Walter hatte mir aufmerksam zugehört. Er stellte keine Fragen, er unterbrach mich nicht, er machte mir keine Vorwürfe. Er war einfach für mich da wie ein Freund.

»Waris, du musst für einige Zeit weg aus Wien«, sagte er schließlich. »Die kraftraubenden Tage mit deiner Mutter und jetzt dieses bittere Gefühl, dass du sie so sehr brauchst. Wenn du in dieser Wohnung bleibst, in der dich alles an sie erinnert, wirst du noch verrückt.«

»Was schlägst du vor?«, fragte ich matt.

»Ich kenne da einen Mann in den österreichischen Alpen«, antwortete Walter. »Er betreibt in Obertauern ein großes Sportzentrum. Viele Spitzenathleten kommen zu ihm, Skifahrer, Läufer, Fußballer. Sie werden untersucht, bekommen einen Trainingsplan und machen sich so fit für neue Wettkämpfe. Es ist wunderschön dort, du wirst sehen. Du bist mitten in der Natur, du hast Ruhe, und du kannst wieder mit dem Laufen beginnen.«

»Ich weiß nicht, Walter«, warf ich skeptisch ein. »Ich habe im Moment zu nichts Lust. Am liebsten würde ich mich weiter verkriechen.«

»Waris, du bist eine starke Frau, und du hast eine Mission. Du hast mit deiner Arbeit schon Tausenden Mädchen und Frauen geholfen, mit deinen Büchern Millionen Menschen Hoffnung gegeben. Du brauchst lediglich eine neue Umgebung, um deine Batterien wieder aufzuladen. Um über die vergangenen Monate nachdenken zu können. Du wirst sehen, in Obertauern wirst du wieder zu laufen beginnen. Ich rufe jetzt sofort an.«

Ich willigte ein. »Vielleicht hat Walter ja recht«, dachte ich bei mir. »Vielleicht tut mir ein Ortswechsel ja tatsächlich gut.«

Walter zückte sein Handy, setzte die Lesebrille auf und tippte eine Nummer ein. Nach wenigen Minuten sah er mich freudestrahlend an. »Alles klar, Obertauern erwartet dich.«

»Wann geht es los?«

Ich bin ungeduldig. Ich will immer alles sofort haben.

»Gleich morgen. Aber wir fangen schon heute mit deinem neuen Leben an«, antwortete er voller Tatendrang. »Ich gehe jetzt für dich einkaufen. Du brauchst Vitamine.«

Eine halbe Stunde später stand Walter vor der Tür – mit meinen Lieblingsgetränken Karottensaft, Orangensaft, Milch und mit Joghurt und viel Obst. Wir setzten uns ins Wohnzimmer und redeten.

»Waris, du weißt, dass dein Wille stark genug ist, um jede Krise zu meistern«, sagte Walter. »Du hast dich schon so oft selbst am eigenen Schopf aus dem Sumpf gezogen. Du wirst jetzt auch deinen schlimmsten Feind, den Alkohol, besiegen. Davon bin ich fest überzeugt. Du musst nur den ersten Schritt machen, anfangen. Und das tust du jetzt.«

Ich trank einen ganzen Liter Milch in großen Schlucken. Walter sah mich entgeistert an.

»Zum Entgiften«, sagte ich, und wir mussten beide lachen.

Nach dem Essen begannen wir, die Wohnung aufzuräumen. Wir schufteten einen ganzen Abend lang. Walter trug alle leeren Flaschen zur Mülltonne. Spätnachts verließ er meine Wohnung. Am nächsten Morgen läutete er schon früh an meiner Tür.

»Waris, es geht los.«

Wir fuhren ein paar Stunden auf der Autobahn, vorbei an

Linz, dann an Salzburg, und schließlich eine steile Bergstraße hoch. Der Schnee türmte sich immer höher und höher, aber die Straße war schneefrei und zog sich wie ein Asphaltband den Berg hinauf. Schließlich landeten wir in Obertauern, einem malerischen Skiort auf fast zweitausend Metern Höhe mitten in den Alpen. Die Region ist vor allem Musikfreunden weltweit ein Begriff. Die Beatles drehten hier 1965 ihren legendären Film *Help*.

Der Olympiastützpunkt liegt etwas abgelegen. Ein riesiger, weißer Kasten, der für die nächsten Tage und Wochen meine Heimat sein sollte. Das flößte mir Respekt ein, aber gleichzeitig freute ich mich auf Sport und Bewegung in der Natur. Ich dachte an meine Kindheit, als ich mit den Ziegen durch die Wüste lief. Es hat mir immer Spaß gemacht.

Als wir aus dem Auto stiegen, musste ich erst einmal die Augen zukneifen. Die Sonne knallte vom Himmel und verwandelte den Schnee in eine glitzernde Kristallkulisse. Wo man hinsah, strahlte und funkelte es. Die Luft war kalt, aber trocken.

Walter stellte mir Heini Bergmüller vor. Er ist der Guru unter Österreichs Fitnesstrainern. Zu den Sportlern, die er betreute, gehörte auch Ski-Olympiasieger Hermann Maier.

Heini ist aber nicht nur ein anerkannter Experte, sondern auch ein sehr gastfreundlicher Mann. Er führte mich durch sein Haus. Ich ging vorbei an unzähligen Kraftkammern, Trainingsräumen, Gymnastiksälen. Ich warf einen Blick auf die medizinische Abteilung, aber Heini merkte bald, dass ich hundemüde war. Von der Fahrt und wohl auch von den Erlebnissen der letzten Wochen.

»Machen wir Schluss für heute«, sagte er freundlich. »Du brauchst deine ganze Kraft. Morgen starten wir richtig durch. Du wirst sehen: In ein paar Wochen bist du ein neuer Mensch.«

Ich verabschiedete mich von Walter, der nach Wien zurückmusste, und ging auf mein Zimmer. Es war klein und nur mit dem Nötigsten eingerichtet.

»Gut so«, sagte ich zu mir. »Nichts soll mich jetzt von meinem Weg ablenken.« Ich löschte das Licht und schlief im gleichen Augenblick ein.

Als Kind habe ich immer davon geträumt, einmal Marathonläuferin zu werden. Ich wusste nicht, dass der Weg dorthin so schweißtreibend sein würde. Heini schleifte mich den ganzen nächsten Tag von einer Untersuchung zur anderen, von einem Test zum nächsten. Ich musste laufen, gehen, tief ein- und ausatmen, ich wurde gepikst, durchleuchtet, abgehorcht, ausgefragt, abgeklopft, meine Gelenke wurden in alle Himmelsrichtungen gedreht, meine Muskeln vermessen, alles in Tabellen und Statistiken eingetragen.

»Mein Gott«, dachte ich, »die wissen am Ende des Tages über meinen Körper besser Bescheid als ich selbst.«

Heini erklärte mir alles.

»Wir untersuchen deine Muskeln so genau, damit wir Defizite feststellen können«, sagte er. »Nur so können wir einen optimalen Trainingsplan für dich entwerfen.«

Am Nachmittag sollte meine Leistungsfähigkeit untersucht werden.

»Das machen wir auf dem Standfahrrad«, legte Heini fest.

Ich versuchte, ihm das auszureden.

»Ich bin Fahrräder nicht gewohnt, aber ich laufe gern. Kann ich den Test nicht auf dem Laufband machen? Bitte!«

Heini willigte ein: »Okay.«

Ich stellte mich auf das riesige Gerät mit der schwarzen Gummimatte in der Mitte. Ein Betreuer drückte einen Knopf, und die Gummimatte setzte sich in Bewegung. Zuerst ganz langsam, dann immer schneller und schneller. Jedes Mal bevor die Matte schneller lief, stach man mir mit einer kleinen Nadel ins Ohrläppchen, um eine Blutprobe zu nehmen.

»Wir bestimmen damit deinen Laktatgehalt«, erklärte mir einer der Trainer. »Laktat ist ein Salz der Milchsäure. Die Werte geben uns Aufschluss über die Beanspruchung der Muskeln. Daraus ergibt sich eine Leistungskurve, aus der wir ablesen können, wie fit du bist.«

Nach einer knappen Dreiviertelstunde war alles vorbei. Ich stieg erschöpft, aber glücklich von der Gummimatte. Das Laufen hatte mir gutgetan.

Heini besah sich die Ergebnisse des Tests.

»Na«, fragte ich spöttisch, »Spitzensportler oder altes Eisen?«

»Ich bin ehrlich erstaunt«, antwortete er. »Du bist gut in Form. Bist du sicher, dass du in den letzten Wochen nicht trainiert hast?«

»Ja«, antwortete ich lachend. »Da bin ich mir sicher, ganz sicher.«

Ich weiß bis heute nicht, ob Heini jeden seiner Schützlinge auf diese Art lobt, um die Motivation zu steigern. In mir breitete sich jedenfalls ein wohliges Gefühl aus. »Doch noch nicht alles verloren.«

Nach einigen weiteren Tests bekam ich einen Plan in die Hand gedrückt, nach dem ich die nächsten vier Wochen trainieren sollte.

»Hilfe, das schaffe ich nie«, sagte ich halblaut.

Der Plan regelte alles bis ins Detail. Wann ich laufen musste, mit welcher Geschwindigkeit und wie oft. Rund neunzig Prozent meines Trainings sollte ich in einem sogenannten »moderaten Trainingsbereich« absolvieren. Ich sollte also nicht alles aus mir herausholen, sondern am besten sehr lockere bis mittelschnelle Dauerläufe absolvieren. Die Läufe teilte Heini in drei Einheiten zu jeweils zwanzig Minuten ein. Dazwischen wurden mir immer fünf Minuten Pause gegönnt, in denen ich mich strecken und dehnen sollte. Neben diesen täglichen Ausdauereinheiten gab es ein Programm für lockere Kraftübungen (besonders zur Rückenkräftigung mit Medizinbällen) und Koordinationsübungen, die das richtige Laufen schulen sollten.

Ich begann sofort am nächsten Tag. Von da an lief ich täglich fünfzehn Kilometer entweder auf der Straße, die durch die schneebedeckten Berge führt, oder im Tal, wo schon die Frühlingsblumen blühten, entlang einem kristallklaren Bergbach. Ich merkte schnell, wie entspannend das Laufen auf mich wirkte. Alle Gedanken, die mich belasteten, verschwanden. Ich begann, frei zu denken, und empfand ein intensives Glücksgefühl. Es gibt Fotos von mir aus diesen Tagen, und ich sehe darauf unendlich glücklich und locker aus.

Ich kam kein einziges Mal in Versuchung, »bad water« zu trinken. Ich verschwendete nicht einmal einen Gedanken daran. Es wäre mir wie eine Sünde vorgekommen.

Nach einigen Tagen lief mir Heini über den Weg. Ich erzählte ihm von meinen Erfolgen, aber er winkte lächelnd ab.

»Waris, jeder hier kann sehen, dass es dir besser und besser geht. Glück kommt von innen. Du strahlst es aus.«

Wir setzten uns in eine Ecke und quatschten.

»Es ist so einfach«, sagte ich, »und doch so schwer zu begreifen. Jahrelang kämpfe ich mit Alkoholproblemen, und dann entdecke ich innerhalb von ein paar Tagen, dass Sport mich aus diesem Tal holen kann. Ich bin als Kind so gern gelaufen, warum ist mir das nicht früher eingefallen?«

»Weil die meisten Menschen glauben, Sport mache sie nur fit und gesund«, erwiderte Heini. »Dabei reinigt er auch unsere Seele. Unser Körper beginnt, Glückshormone auszuschütten. Wir werden zufriedener. Wir schaffen plötzlich Dinge, die wir uns nicht zugetraut hätten. Das baut unser Selbstvertrauen auf.«

»Ja«, stimmte ich zu, »ich fühle mich viel entspannter und schlafe auch besser.«

Tatsächlich war die Wirkung des Trainings enorm. Meine Körperwerte verbesserten sich rapide, ich konnte immer weiter laufen, ohne außer Atem zu geraten oder meinen Puls weit in die Höhe zu treiben. Ich fühlte mich frischer, fitter und jünger. Das Wunder aber war: Selbst meine sonst fast unerträglichen Schmerzen während meiner Monatsblutungen wurden mit einem Mal erträglicher.

Dann kam der Tag des Abschieds. Obertauern war mir ans Herz gewachsen, aber ich sehnte mich langsam auch wieder nach dem Duft der Stadt, nach Menschen, nach meiner Wohnung. Vollbepackt mit Trainingsplänen und guten Ratschlägen trat ich die Heimreise an.

»Es ist jetzt wichtig, dass du dir ein Ziel setzt«, sagte mir Heini Bergmüller, als ich schon ins Auto einsteigen wollte. »Wenn du ein Ziel hast, dann fällt dir das Trainieren auch in Wien so leicht wie hier.«

»Ja, ja, ich weiß, ihr wollt eine Olympiasiegerin aus mir machen«, antwortete ich lachend, setzte mich zu Walter ins Auto, und wir fuhren davon.

Tatsächlich hatte ich Pläne, auf ein Ziel hin zu trainieren. Ich wollte einen Halbmarathon schaffen, aber nicht viele Worte darüber verlieren. Ich hatte Angst zu versagen.

Walter hatte vorgesorgt. Er stellte mir in Wien einen Freund zur Seite, der sich selbst auf seinen ersten Marathon vorbereitete. Glücklicherweise wohnte Daniel gleich bei mir um die Ecke. Also läutete er morgens, bevor er zu seiner täglichen Runde aufbrach, und nahm mich mit. Wir hatten beide ein ähnliches läuferisches Niveau, und so lief alles von Anfang an prächtig. Wir stimmten unsere Trainingspläne aufeinander ab. Mal liefen wir lockere zehn Kilometer im Wiener Prater, dann wieder nur sieben Kilometer, dafür aber etwas schneller.

Ein Tag in der Woche war für einen langen Lauf reserviert – da schafften wir dann bis zu zwanzig Kilometer durch die grüne Lunge Wiens, wo alles schön flach ist, bis hinaus zum Wiener Hafen. Wir plauderten über Gott und die Welt, über Familie und Freunde, oder wir nutzten die Zeit zum Schweigen und um in uns hineinzuhören.

Abwechslung war uns wichtig. Manchmal fuhren wir mit dem Auto nach Schönbrunn, um in dem wunderbaren Park einige Runden zu drehen. Man glaubt es kaum, aber die Steigungen dort können ganz schön anstrengend sein. Einmal nahm mich Daniel auch auf den Hermannskogel bei Wien mit. Es ging über Waldwege ständig bergauf und bergab. Das war nicht mein Ding. Ich bin ein Kind der Wüste, ich habe es gern flach.

* * *

Mama, ich habe wieder begonnen zu malen. An die Wände gelehnt stehen bereits einige fertige und halbfertige Bilder, an denen ich arbeite, wann immer ich Sehnsucht danach habe. Am liebsten verwende ich Ölfarben oder Ölkreiden. Mein Werkzeug sind meine Finger. Oft komme ich beim Malen in einen tranceähnlichen Zustand, vergesse dann meine Umwelt, höre mein Telefon nicht mehr und bin ganz »in meinem Bild«.
Fast alle meine Gemälde zeigen Masken, viele davon sehen furchterregend aus. Nicht für mich, aber für Menschen, die sie gesehen haben. Aber ich zeige meine Bilder nur selten anderen Menschen, ganz selten. Das ist mir zu intim. Ich male nur für mich.

*Manchmal sieht man auf meinen Bildern eine einzige grosse
Maske, dann wieder mehrere kleine. Manchmal fliegen die
Masken wie Vögel durch das Bild. Ich male viele Symbole in
meine Bilder, Tiere und Figuren, nicht von allen kenne ich die
Bedeutung. Am liebsten verwende ich rote, gelbe und braune
Töne, aber ich mag auch grün, blau und violett. Oft benutze
ich sehr grelle Farben. Ich nenne sie dann die »kreischenden
Bilder«.*

*Ich habe keine Ausbildung im Malen, ich war nie in einem
Kurs. Alles entsteht im Kopf, in meiner Phantasie. Wenn mich
die Leidenschaft gepackt hat, dann kann ich nicht mehr einschlafen und male immer weiter. Es passiert schon mal, dass
meine Finger dabei blutig werden, weil ich so lange und so
heftig arbeite. Meist merke ich das dann nicht gleich. Das
Blut aus meinen Fingern vermischt sich mit der Farbe auf
dem Zeichenpapier. Eine neue Farbwelt entsteht.*

*Es gibt Phasen, in denen ich drei Tage lang unentwegt male,
Tag und Nacht, als ob ich davon besessen sei. Ich mache
dann nur ganz kurze Pausen. Ich vergesse zu essen und zu
trinken. Meine Bilder sind meine Nahrung. Es darf mich
niemand stören, denn ich lebe dann in meiner Bilderwelt,
die ich nicht verlassen kann. Am Ende bin ich sehr erschöpft,
aber gleichzeitig auch erleichtert. Das Malen ist für mich so
wie das Laufen der Weg zu mir selbst, ich kann mich selbst
finden, meine Probleme mit dem Alkohol unter Kontrolle
bringen.*

*Manchmal kaufe ich für Bilder, die mir besonders viel bedeuten, Rahmen und hänge sie dann in meiner Wohnung auf.
Die anderen stehen kreuz und quer am Boden an die Wände
gelehnt, oder ich hebe sie in grossen Zeichenmappen auf.*

Ich sammle aber auch afrikanische Skulpturen, Masken, Bilder, Zeichnungen und Handarbeiten, die ich von vielen Reisen aus Afrika mitgebracht habe. Sie stammen aus Somalia,

Kenia, Äthiopien, Marokko, Senegal, dem Sudan, Südafrika und vielen anderen afrikanischen Ländern. Jede dieser Skulpturen und Masken hat eine besondere Bedeutung für mich. Sie haben ihre eigene Seele und Energie. Du weißt, Mama, dass viele Menschen in Afrika fest daran glauben. Es gibt »gute« und »verhexte« Masken und Skulpturen. Deshalb spreche ich mit ihnen, auch wenn das manche für verrückt halten.
Eine Gruppe von Figuren besitze ich schon seit vielen Jahren. Ich nenne sie »afrikanische Familie«, denn ich nehme sie überall mit hin, wo ich längere Zeit wohne. Sie sind meine ständigen Begleiter in guten wie in schlechten Zeiten und haben schon viel von dieser Welt gesehen. Du wirst jetzt lachen, Mama, aber manchmal bringe ich ihnen von meinen Reisen kleine Geschenke mit, wie Halsketten, bunte Tücher und Kopfschmuck. Immer wenn ich mich einsam gefühlt habe, entwurzelt und leer, war meine »afrikanische Familie« da. Sie hat mich vor Rückfällen bewahrt und mich in verzweifelten Stunden nicht allein gelassen. Oft spreche ich mit ihnen, jede Figur hat einen eigenen Namen. Meine Lieblingsfigur heißt: »Sieh nicht Böses, höre nichts Böses, sprich nichts Böses.« Das wünsche ich mir für unsere Welt. Die »afrikanische Familie« wird wütend, wenn ich »bad water« trinke. Ich sage »bad water«, denn Wasser hat für mich eine ganz andere, besondere Bedeutung. Wasser ist für mich heilig, selbst in meinem Badezimmer würde ich nie das Wasser unnütz laufen lassen. Wenn ich mich wasche, dann fülle ich Wasser in eine Schüssel, die ich aus Somalia mitgebracht habe. Ganz sorgsam, um ja nichts zu vergeuden oder zu verschütten. Wir Afrikaner haben eine andere Beziehung zum nassen Element. In Europa sprudelt das Wasser aus jedem Felsen und Berghang, in Somalia ist es kostbar wie Gold. Viele Menschen würden ihren rechten Arm dafür geben, um genug zu trinken zu haben. Ich werde nie die Wasserknappheit in Somalia vergessen, mit der ich als

Kind gelebt habe. Man kann in seinem Leben vieles vergessen und verdrängen. Die Erfahrungen der Kindheit streift man nie ab.

* * *

Endlich kam der große Tag: mein erster Halbmarathon. Am Start spürte ich, dass mein Herz bis zum Hals klopfte, doch unterwegs bekamen meine Beine Flügel. Ich schwebte über den Asphalt, fühlte mich frei und glücklich.

Daniel kam mit einer Zeit von drei Stunden siebenundfünfzig Minuten ins Ziel. Ich schaffte den Halbmarathon unter zwei Stunden – obwohl ich irrtümlich sogar einmal kurz in die falsche Richtung gelaufen war. Ich hatte nach dem Lauf Blasen an den Füßen, meine Beine schmerzten, und mein Brustkorb fühlte sich an, als hätte ich mir die Lunge aus dem Leib gelaufen. Aber gleichzeitig war ich glücklich, unendlich glücklich. Ich hatte den Lauf in ein neues Leben geschafft.

* * *

Mama, als du weg warst, habe ich in meiner Küche gegenüber dem Kühlschrank ein Poster angebracht. Lauffreunde haben es mir geschenkt. Auf dem Plakat steht folgender Satz: »Waris, you did a great job! Keep on running!!!« Darunter baumeln an einem Haken alte Laufschuhe. Wann immer ich jetzt in Versuchung komme, »bad water« zu kaufen und in den Kühlschrank zu stellen, erinnert mich dieses Poster daran, wie gut es meinem Körper und meiner Seele geht, wenn ich Sport treibe. Kein Alkohol der Welt kann mir dieses Gefühl verschaffen.

Mama, ich bin froh, dass ich dir von meinem Problem mit dem Alkohol geschrieben habe. Mir ist eine Last von den Schultern genommen. Erstmals seit langer Zeit fühle ich mich wieder geborgen. Ich mag mich wieder, und ich mag mein Leben wieder. Ich laufe jetzt mehrmals in der Woche, allein oder in Begleitung. Ich genieße die Natur, die Freiheit, meinen Körper.
Vor wenigen Tagen habe ich am Österreichischen Frauenlauf teilgenommen. Ich war eingeladen, der Reinerlös der Veranstaltung sollte meiner Waris-Dirie-Foundation zugutekommen. Es war ein erhebendes Gefühl. Über 8000 Frauen liefen mit, so viele wie noch nie zuvor.
Es war ein wunderschöner Tag im Wiener Prater, entlang der Straße blühen jetzt überall Kastanienbäume, und ich war überwältigt von der Farben- und Blütenpracht, die Wien im Frühling schmückt. Wien, das ist eine so grüne Stadt, Mama, ganz anders als die Landschaft, die wir kennen!
Nach dem Lauf haben mir die Organisatoren auf der Bühne einen großen Scheck für meine Stiftung überreicht, und Tausende Frauen haben mich gefeiert. Ich war stolz und überwältigt. Stolz, so viel Geld gesammelt zu haben. Stolz auf mich, weil ich den Alkohol besiegt hatte.

* * *

Ich saß im Flugzeug nach Südafrika und blickte hinunter auf die schneebedeckten österreichischen Alpen. Ich streckte den Kopf nach vorne. »Vielleicht kann ich Obertauern von hier sehen?« Aber das war natürlich Unsinn.

Ich dachte zurück an die Zeit vor wenigen Wochen, als ich in die Berge kam. Der viele Schnee, mein Kopf voll mit lauter wirren Gedanken. Ich lag am Boden, der Alkohol hatte mich in die Knie gezwungen. Jetzt hatte ich meinen Stolz wiedergefunden, meine innere Mitte zurückerobert.

Ich erinnerte mich an Walters Reaktion, als er sah, welche Wandlung der Sport in mir ausgelöst hatte. Er hatte eine große Überraschung für mich vorbereitet.

»Ich weiß, wie sehr du Afrika vermisst«, sagte er eines Abends zu mir. »Du bist und bleibst ein Kind der Sonne.«

Ich sah ihn verständnislos an.

Walter wich meinem Blick aus und fuhr fort.

»Du weißt, dass ich lange für den südafrikanischen Herzchirurgen Professor Christiaan Barnard und seine Stiftung gearbeitet habe und oft in seiner Heimat Südafrika war. Jetzt ist dort Sommer, die Sonne scheint den ganzen Tag, es ist heiß, und Südafrika ist ein wunderbares Land. Es ist Afrika und Europa zugleich. Ich habe noch viele Freunde in Südafrika und bin seit Professor Barnards Tod immer noch in Kontakt mit seiner Familie. Ich habe sie angerufen, und sie freuen sich darauf, dich in Kapstadt begrüßen zu dürfen.«

Ich fiel Walter in die Arme und hauchte nur ein »Danke«.

Schneller, als ich dachte, würde ich mein Afrika, meine Heimat, wiedersehen.

»Die Sonne wird dir guttun«, sagte Walter. »Ich bin stolz auf dich, dass du den Weg aus dem Alkohol gefunden hast. Jetzt ist es an der Zeit, dass du neue Kräfte sammelst. Für die Arbeit in der Stiftung, die vielen Mädchen und Frauen, die dir schreiben, weil sie deine Hilfe brauchen. Waris, du hast hier etwas aufgebaut, etwas ganz Großes. Du darfst die Menschen jetzt nicht im Stich lassen. In Südafrika kannst du Kraft tanken, dich mit positiver Energie aufladen.«

»Wann soll ich fliegen?«

»Gleich morgen. Alles ist organisiert. Hier habe ich dein

Flugticket, das Taxi steht um acht Uhr morgens vor der Tür.«

Ich freute mich wie ein kleines Kind. Als ich am Abend einzupacken begann, bemerkte ich, dass ich fröhlich ein Lied pfiff. Das hatte ich seit Jahren nicht mehr gemacht. Ich schaute noch bei Daniel vorbei.

»Denk daran, auch in Südafrika«, rief er mir zum Abschied nach, »keep on running.«

Als ich auf die Straße trat, schrie ich aus vollem Herzen: »Afrika, ich komme!« Ein Wiener Rentner, der seinen kleinen Hund Gassi führte, wechselte verstört die Straßenseite.

Punkt acht am nächsten Morgen stand das Taxi vor meiner Tür. Diesmal war ich nicht zu spät, sondern stand schon ein paar Minuten vorher mit Sack und Pack an der Straße. Walter sprang aus dem Taxi: »Komm, steig ein, es geht los.«

Es war der erste Tag seit langem, an dem in Wien wieder die Sonne schien. Wir fuhren quer durch die Stadt, vorbei an den vielen alten Gebäuden, die im Schnee noch viel majestätischer wirkten. Ich sah Kinder im Schnee spielen und Schaufenster an mir vorbeiflitzen. Ich fühlte mich plötzlich wieder frei. Ich spürte, dass etwas Neues in meinem Leben passierte. Aber diesmal fühlte ich mich stark genug, mein Schicksal selbst in die Hand zu nehmen und nicht sein Spielball zu sein.

»Waris«, sagte Walter, »ich habe gesehen, wie viel Freude, aber auch wie viel Schmerz dir der Besuch deiner Mutter in Wien bereitet hat. Du musst das aufarbeiten. Ich weiß, Südafrika wird dir gefallen. Das ist ein Land nach deinem Geschmack.«

Vierzehn Stunden später stieg ich in Kapstadt aus dem Flugzeug. Es war sechs Uhr früh und bereits fünfundzwanzig Grad warm. Walters Freunde holten mich wie vereinbart ab. Beim Verlassen des Flughafens roch es nach Afrika. Dieser ganz spezielle Geruch, den man überall auf diesem Kontinent schnuppern kann. Die Sonne stand schon am Firmament und blendete mich.

Ich kniete nieder, hob mein Hände zum Himmel und rief: »Mama Afrika, du hast mich wieder!«

Versöhnen und verzeihen

*Liebe Mama,
vor wenigen Wochen noch litt ich darunter, nirgendwo auf der Welt zu Hause zu sein. Ich habe dir von Bill Clinton erzählt und jenem Abend in Prag, an dem ich gefragt wurde, wo denn nun meine Heimat liege. Ich konnte damals keine Antwort darauf geben. Jetzt schon. Südafrika und Österreich – jetzt habe ich nicht eine Heimat, jetzt habe ich zwei, und das macht mich glücklich wie selten zuvor etwas in meinem Leben.
Als ich nach Südafrika kam, wollte ich mich hier entspannen, Ruhe finden, mich neu besinnen. Aber sehr schnell verliebte ich mich in dieses Land. Irgendwann beschloss ich, mir ein Häuschen am Meer zu kaufen, in das ich mich zurückziehen kann, außerhalb der Stadt, mitten in der Natur. Nun habe ich dieses Häuschen gefunden. Es liegt fast am Ende Afrikas, am Kap der Guten Hoffnung, was für mich und mein Leben auch eine große Symbolkraft hat.
Mein neues Zuhause liegt auf einem bewaldeten Hügel. Von der Terrasse blicke ich direkt auf den unendlich blauen Ozean. Nirgendwo auf der Welt gibt es romantischere Sonnenauf- und Sonnenuntergänge als hier. Das Spiel der Farben berührt*

mich jeden Tag aufs Neue. Wenn die Sonne im Meer versinkt, leuchtet der Himmel blutrot-orange und manchmal noch in vielen weiteren überwältigenden Farben. Der Himmel spiegelt sich auf der Meeresoberfläche, und für Minuten hat man das Gefühl, Teil eines Gemäldes zu sein.

Rund um mein Haus habe ich einen kleinen Garten, in dem Blumen und Kräuter wachsen, Nadelbäume und Sträucher stehen. Die Luft ist immer frisch, und vom Meer weht auch an heißen Tagen eine sanfte kühle Brise. In den Ästen der Bäume und in den Sträuchern leben viele exotische Vögel, die den ganzen Tag über ihre Liedchen pfeifen. Ich habe mir sogar ein Buch gekauft, um mehr über diese Vögel in Erfahrung zu bringen. Dieser Platz hier ist mein kleines Paradies.

Mein Häuschen besteht aus einem Wohnzimmer, das keine Wände hat, sondern nach allen Seiten verglast ist. Man sieht überall aufs Meer und auf grüne Hügel. Im Winter wird es hier in der Nacht so wie in unserer somalischen Wüste sehr kühl, und manchmal schneit es sogar ein wenig. Ich habe einen offenen Kamin, in dem ich mit selbstgesammeltem Holz Feuer mache, das romantisch knistert und in kurzer Zeit eine wohlige Wärme im ganzen Haus verbreitet. Tagsüber aber ist das Wetter zu jeder Jahreszeit angenehm.

Jeden Tag gehe ich zum Meer hinunter und verbringe Stunden damit, über viele Probleme, die ich in Europa nicht lösen konnte, nachzudenken, um aus der Distanz ein neues, schärferes Bild zu bekommen. Sehr oft sitze ich nur da und höre dem Rauschen der Wellen und dem Schreien der Möwen zu. Ganz in der Nähe ist ein kleiner Hafen, in den täglich Fischerboote einlaufen. Ich kaufe direkt von den Fischern sehr günstig frische Fische und bereite sie mit den Kräutern und Salaten aus meinem Garten zu wunderbaren einfachen Gerichten zu.

Mein Häuschen hat ein kleines Büro mit einem Computer,

über den ich mit meiner Stiftung in Wien in Verbindung stehe. Und es gibt ein Zimmer, das nur für dich und Aleeke reserviert ist. Ich weiß auch schon ganz genau, wo ich meine Bilder und Skulpturen platzieren werde, wo mein Musikplatz sein wird, und ich habe in meinem Garten einen Platz gefunden, an dem ich male und schreibe.
Meine Wohnung in Wien will ich behalten, aber ich werde in Zukunft sehr viel Zeit hier in meinem kleinen Paradies verbringen.
Mama, wir hatten in Wien einen großen Streit, und wir waren beide wütend. Als du abgereist bist, war ich sehr unglücklich. Ich hatte riesige Erwartungen auf unser Wiedersehen gesetzt, ich hoffte, dass wir nach all den Jahren der Trennung zueinanderfinden würden. Vielleicht waren meine Hoffnungen zu groß.
Aber du weißt ja, dass ich eine Kämpferin bin, Mama. Ich gebe niemals auf, schon gar nicht den wichtigsten Kampf in meinem Leben, den um deine Liebe. Solange ich lebe, werde ich versuchen, den Weg zurück in dein Herz zu finden. Ich weiß, die Gräben zwischen uns sind sehr tief, aber ich will eine Brücke bauen, mit einem Fundament, das uns beide trägt.
Ich kämpfe gegen weibliche Genitalverstümmelung, du befürwortest sie.
Ich bekämpfe die Ungerechtigkeit in der Welt, du akzeptierst sie.
Ich kämpfe für die Rechte der Frauen, du siehst eine Männergesellschaft als gottgegeben an.
Du willst, dass alles so bleibt, wie es ist, und nennst das Tradition. Ich will, dass nur das Gute Bestand hat, und nenne das Fortschritt.
Du liebst das Afrika, wie es ist. Ich glaube an ein Afrika der Zukunft. Mit starken, stolzen Menschen, die ihr Schicksal selbst in die Hand nehmen.

Mama, wir beide sollten nicht vergessen, was war, aber uns gegenseitig verzeihen.
Wir müssen nicht alles gutheißen, was die andere tut, aber wir sollten Verständnis für ihr Denken und ihr Handeln aufbringen.
Ich möchte das Band zu dir wieder neu knüpfen, das in Wien durchschnitten wurde. Und wenn es das Letzte ist, was ich in meinem Leben tue.
Ich sitze jetzt oft in meinem Wohnzimmer in Südafrika und schreibe auf, was ich dir bisher nicht sagen konnte. Es sind schon viele Briefe geworden, die dir deine Waris ungeschminkt und in einem anderen Licht zeigen. Nicht das strahlende Model, das die Welt erobert, sondern die verletzliche Frau mit Problemen, die sie in die Tiefe reißen.
Mama, ich möchte, dass du zu mir kommst, ich wünsche mir das von ganzem Herzen. Ich lade dich in mein Häuschen nach Südafrika ein. Ich träume davon, dass wir hier zusammen sitzen und den Sonnenuntergang beobachten. Was immer uns auch trennen mag, am Ende gehören wir doch zusammen – wie Mutter und Tochter.

In Liebe,
Deine Waris

ANHANG 1
Islam ächtet Genitalverstümmelung
26. OKTOBER 2005

Am 26. Oktober 2005 haben islamische Geistliche in Somalia eine *Fatwa* veröffentlicht, die sich gegen die Beschneidung beziehungsweise die Genitalverstümmelung von Mädchen richtet. Darin wird die in Afrika weitverbreitete traditionelle Praxis als »unislamisch« verurteilt. Scheich Nur Barud Gurhan, der stellvertretende Vorsitzende der Dachorganisation somalischer Geistlicher, setzte die Beschneidung mit einem Mord gleich.

22./23. NOVEMBER 2006, KAIRO
(Quelle: www.target-human-rights.com):

Am 22. und 23. November 2006 trafen sich islamische Gelehrte und Fachleute aus dreizehn Ländern in Kairo, um unter der Schirmherrschaft des Großmuftis der Al-Azhar-Universität über die »düstere Wirklichkeit der Genitalverstümmelung an Frauen und die Haltung des Islam zur Gewalt« zu beraten. Verabschiedet wurde ein richtungsweisendes Dokument, das die Praxis der weiblichen Genitalverstümmelung eindeutig ächtet.

Folgende Empfehlungen wurden bekanntgegeben:

1. Gott hat den Menschen mit Würde ausgestattet. Im Koran sagt Gott: »Wir haben die Kinder Adams gewürdigt.« Daher wird von Gott jeglicher Schaden verboten, der Menschen zugefügt wird, unabhängig von gesellschaftlichem Status und Geschlecht.
2. Weibliche Genitalbeschneidung ist eine ererbte Unsitte, die in einigen Gesellschaften praktiziert wird und von einigen Muslimen in mehreren Ländern übernommen wurde – ohne textliche Grundlage im Koran respektive ohne authentische Überlieferung des Propheten.
3. Die heutzutage praktizierte weibliche Genitalbeschneidung fügt der Frau physische und psychische Schäden zu. Daher müssen diese Praktiken unterbunden werden in Anlehnung an einen der höchsten Werte des Islams, nämlich dem Menschen keinen Schaden zuzufügen – gemäß dem Ausspruch des Propheten Mohammed, Friede und Segen Gottes seien mit ihm: »Keinen Schaden nehmen und keinem anderen Schaden zufügen.« Vielmehr wird dies als strafbare Aggression erachtet.
4. Die Konferenz appelliert an die Muslime, diese Unsitte gemäß den Lehren des Islams zu unterbinden, da jene verbieten, dem Menschen in irgendeiner Form Schaden zuzufügen.
5. Ebenso fordern die Teilnehmer der Konferenz die internationalen und regionalen Institutionen und Einrichtungen auf, ihre Anstrengungen auf die Aufklärung und Unterrichtung der Bevölkerung zu konzentrieren. Dies betrifft insbesondere die hygienischen und medizinischen Grundregeln, die gegenüber der Frau eingehalten werden müssen, so dass diese Unsitte nicht weiter praktiziert wird.
6. Die Konferenz erinnert die Bildungseinrichtungen und die

Medien daran, dass sie die unbedingte Pflicht haben, über die Schäden dieser Unsitte aufzuklären und deren verheerende Konsequenzen für die Gesellschaft aufzuzeigen, um zur Eliminierung dieser Unsitte beizutragen.

7. Die Konferenz fordert die Legislativorgane auf, ein Gesetz zu verabschieden, welches den Praktizierenden diese schädigende Unsitte der weiblichen Genitalbeschneidung untersagt und sie als Verbrechen deklariert, unabhängig davon, ob es sich bei den Praktizierenden um Täter oder Initiatoren handelt.

8. Des Weiteren fordert die Konferenz die internationalen Institutionen und Organisationen auf, in allen Regionen Hilfe zu leisten, in denen diese Unsitte praktiziert wird, um somit zu ihrer Beseitigung beizutragen.

* * *

Ich habe muslimische Geistliche in Europa, in Afrika, in Australien getroffen, die Fatwas gegen weibliche Genitalverstümmelung erlassen haben. Wir brauchen diese Fatwas überall auf der Welt, damit sie Wirkung zeigen. Es müssen sich alle muslimischen Geistlichen dagegenstellen. Auch die Religionsführer aller anderen Religionsgemeinschaften sind aufgefordert, dagegen Stellung zu beziehen. Ich vermisse schmerzlich eine Stellungnahme des Papstes. Auch in christlichen Gemeinden in Afrika werden Mädchen genital verstümmelt.

Anhang 2

Waris Dirie – ihre Reden

Rede 1
gehalten am 14. Mai 2004 in Hamburg
anlässlich der Women's World Awards
Pressekonferenz mit Präsident Michael Gorbatschow

Sehr geehrte Damen und Herren!

Es ist mir eine große Ehre, dass ich morgen den World Social Award erhalten werde.

Da ich eine Frau bin, die aus Afrika stammt, ist es von ganz besonders großer Bedeutung für mich.

Frauen in Afrika sind die am stärksten unterdrückten Menschen auf dieser Welt – und viele von ihnen finden kein Gehör.

Es ist eine einzigartige Gelegenheit, hier mit so vielen Menschen zusammenzukommen, die unsere Gesellschaft und unsere Denkmuster verändert haben – und es ist eine hervorragende Gelegenheit, das Bewusstsein für die Probleme der Frauen, im Speziellen für die weibliche Genitalverstümmelung, zu stärken.

Ich möchte diesen Anlass nutzen, um Ihnen etwas über meine Arbeit zu erzählen.

Jede Minute wird ein Mädchen irgendwo auf dieser Welt Opfer der Genitalverstümmelung.

Meine Stiftung, die Waris Dirie Foundation, hat das Ziel, FGM – Female Genital Mutilation – abzuschaffen.

Um dieses Ziel zu erreichen, haben wir Projekte in einigen afrikanischen Ländern initiiert, auch in meinem Heimatland Somalia. Wir bieten medizinische Versorgung an und arbeiten an der Bewusstseinsbildung gegen FGM.

Die weibliche Genitalverstümmelung ist jedoch kein afrikanisches Problem: Sie findet fast auf der ganzen Welt statt.

Als Nächstes werden wir eine Kampagne gegen die weibliche Genitalverstümmelung in der westlichen Welt initiieren.

Ich möchte diese Preisverleihung auch zum Anlass nehmen, um all jenen zu danken, die unsere Arbeit durch Spenden unterstützen: Bitte unterstützen Sie uns weiterhin, wir haben eine große Aufgabe zu bewältigen.

Ganz besonders aber möchte ich diese Auszeichnung den Frauen auf der ganzen Welt – und im Speziellen jenen in Afrika – widmen, die jeden Tag für ihr Leben und das ihrer Kinder kämpfen.

Ich verspreche, dass wir weiterkämpfen werden, bis FGM für immer abgeschafft sein wird.

Danke.

REDE 2
gehalten anlässlich des Women's World Congress 2004, Hamburg, Rathaus

Sehr geehrte Damen und Herren!

Ihre Einladung ist eine große Ehre für mich.

Wie Sie sich vorstellen können, ist dieses Thema von großer Bedeutung für mich, da ich aus einem der ärmsten Länder

der Welt – Somalia – stamme und mit eigenen Augen die Probleme, denen sich Frauen dort stellen müssen, gesehen habe.

Natürlich ist die Armut das größte gesundheitliche Problem. Da wir hier jedoch frauenspezifische Gesundheitsprobleme diskutieren, gestatten Sie mir, drei große Probleme aufzuzeigen, die dafür verantwortlich sind, dass Millionen von Frauen sterben.

Das erste Problem besteht in der fehlenden medizinischen Versorgung für Frauen.

Das bedeutet: Es gibt kein Krankenhaus, keinen Arzt, keine Krankenschwester – egal wie ausweglos die Situation auch ist.

Ich will nur eine Statistik nennen, die verdeutlichen soll, was dies bedeutet: In Afrika stirbt eine von sechzehn Frauen während der Schwangerschaft oder Geburt aufgrund der fehlenden medizinischen Versorgung.

In Westeuropa ist es dank des Zugangs zu medizinischer Versorgung nur eine von 4000 Frauen.

Insgesamt stirbt weltweit JEDE EINZELNE MINUTE eine Frau an den Folgen einer Schwangerschaft oder Geburt. Während dieser kurzen zehnminütigen Rede werden ZEHN FRAUEN sterben.

Das zweite große Problem betrifft Aids. Da wir von Herrn Maas, Experte auf diesem Gebiet, noch mehr zu diesem Thema erfahren werden, will ich jetzt nicht weiter ins Detail gehen.

Erlauben Sie mir nur zu erwähnen, dass Frauen meist auf verschiedene Art von dieser Krankheit betroffen sind: Sie haben nicht nur die höchsten Infektionsraten, sie sind es auch, die sich um die Kranken kümmern, während sie selbst krank sind.

Ich empfinde tiefen Respekt für diese Frauen.

Sie verdienen jede verfügbare Unterstützung und medikamentöse Behandlung. Ich kann nicht verstehen, wie westliche

Pharmaunternehmen noch immer nur ans Geldverdienen denken können, während sie Millionen sterbenden Menschen die Behandlung verweigern.

Das dritte und aufwühlendste Problem ist die weibliche Genitalverstümmelung. Ich möchte auch hierbei nicht ins Detail gehen, da später noch eine Expertin darüber reden wird – Kora Gourè Bi.

FGM wird in achtundzwanzig afrikanischen Ländern praktiziert – es ist aber kein afrikanisches Problem: Es geschieht weltweit. Sogar hier in Deutschland, vor diesen Türen.

Ich bin der Überzeugung, dass FGM das größte »gesundheitliche Problem« ist: Denn es zeigt, dass Frauen nicht einfach nur im Stich gelassen werden, wenn sie krank sind, sondern sie werden sogar auf grausamste Art bewusst verstümmelt, trotz des hohen Infektionsrisikos und der hohen Sterblichkeitsrate. Dies geschieht nicht nur an Dutzenden, sondern an Millionen Frauen.

Solange es uns nicht gelingt, FGM gänzlich abzuschaffen, darf es niemand auch nur wagen zu behaupten, dass Frauenrechte irgendwo auf dieser Welt respektiert werden.

Erlauben Sie mir abschließend noch hinzuzufügen, dass es meiner Meinung nach an der Zeit ist, dass die medizinische Versorgung von Frauen Priorität auf der politischen Tagesordnung bekommt.

Es gibt mehr zu tun, als nur Versprechungen zu machen, die niemals eingehalten werden: Die Rolle der Frau in der Gesellschaft muss sich verändern.

Dies ist eine gewaltige Aufgabe, die wir nur gemeinsam bewältigen können – gemeinsam mit allen Frauen auf der ganzen Welt.

Danke.

Rede 3
gehalten anlässlich der Women's World Awards Gala, Hamburg, Kongresszentrum 2004

Sehr geehrte Damen und Herren!

Es ist für mich eine große Ehre, heute Abend diese Auszeichnung zu erhalten.

Ich schätze mich sehr glücklich, hier gemeinsam mit so vielen Menschen zu sein, die die Gesellschaft verändert haben.

Es ist für mich von ganz besonderer Bedeutung, da ich eine Frau bin, die aus Afrika stammt.

Und Frauen in Afrika zählen zu den am stärksten unterdrückten Menschen der Welt – viele von ihnen finden kein Gehör. Es ist also für mich eine großartige Gelegenheit, das Bewusstsein hierüber zu stärken. Mein Dank gilt allen, die die Waris Dirie Foundation unterstützen.

Es ist mir ein ganz besonderes Anliegen, diesen Preis den Frauen in der ganzen Welt – besonders jenen in Afrika – zu widmen, die tagtäglich für ihr eigenes Leben und das ihrer Kinder kämpfen.

Ich möchte diesen Preis im Speziellen meiner Mutter widmen. Mama, du hast all die Entbehrungen auf dich genommen, hast dich niemals beklagt, du warst immer stark und hast uns immer deine Liebe geschenkt. Dieser Preis gehört dir.

Danke!

Rede 4
gehalten auf dem 27. Kongress
der Internationalen Verleger-Union,
Berlin, Hotel Intercontinental, 24. Juni 2004

Sehr geehrte Damen und Herren!
Danke vielmals für Ihre Einladung.
Wie Sie wissen, wurde ich eingeladen, weil ich zwei Bücher über mein Leben geschrieben habe: *Wüstenblume* über die Geschichte meines Lebens und *Nomadentochter* über meinen letzten Besuch in Somalia.

Als ich begonnen habe, das Buch *Wüstenblume* zu schreiben, dachte ich niemals daran, dass sich so viele Menschen für meine Lebensgeschichte interessieren würden.

Ich dachte, es würde in einigen Bibliotheken stehen – niemals jedoch glaubte ich, dass dieses Buch millionenfach auf der ganzen Welt, außer in Afrika, verkauft werden würde.

Wüstenblume ist nicht nur ein Buch über eine bestimmte Kultur oder über Afrika: Es ist ein Buch über das Leben einer Frau, die Höhen und Tiefen ihres Lebens.

Es ist auch ein Buch über das Leben in verschiedenen Kulturen: Ich wuchs in einer Nomadenfamilie in der Wüste Somalias auf und landete schließlich in der glitzernden Welt der Mode.

Vor allem aber ist es ein Ruf nach Gerechtigkeit: Es war das erste Mal, dass eine Frau öffentlich über weibliche Genitalverstümmelung sprach, ein furchtbarer Brauch, der nach wie vor weltweit in mehr als dreißig Ländern praktiziert wird. Die hier gestellte Frage lautet, ob man mit Hilfe von Büchern wie *Wüstenblume* oder *Nomadentochter* lernen kann, andere Kulturen zu verstehen, ob Bücher einen Weg zu mehr Toleranz zeigen.

Viele Menschen glauben sicherlich, dass meine Bücher

dies nicht können: Ich beschreibe die barbarische Art, in der Mädchen und Frauen in der Gesellschaft, aus der ich komme, behandelt werden.

Trotzdem bin ich davon überzeugt, dass Bücher wie *Wüstenblume* dazu beitragen, ein tieferes Verständnis für verschiedene Kulturen zu schaffen. Nicht, weil mein Buch so eine großartige Beschreibung dieser Kultur wäre.

Der Punkt ist vielmehr, dass es die Geschichte einer einzelnen Frau ist, und jeder Leser, jede Leserin kann einer solchen Geschichte folgen und sich mir ihr identifizieren. Sie erfahren, dass afrikanische Frauen nicht nur Nummern in abstrakten Statistiken zur Entwicklungshilfe sind, sondern dass sie Mitmenschen sind.

In ihrem Leben gibt es Höhen und Tiefen. Sie haben ein Gesicht und einen Namen. Es ist viel einfacher, Menschen zu respektieren, wenn man das Gefühl hat, sie zu kennen.

Und es macht es leichter, zu verstehen, dass jeder Mensch – unabhängig von seiner Herkunft und der Kultur oder Religion, in der er aufwuchs – grundlegende Menschenrechte hat.

Und dass Kultur oder Religion niemals ein Grund sein können, dass jemandem diese grundlegenden Menschenrechte aberkannt werden.

Ich glaube, das ist der Grund, warum Bücher über die Lebensgeschichte von Frauen aus Afrika eine größere Leserschaft finden als andere Bücher über Afrika:

Sie machen abstrakte Probleme – wie Sklaverei, Kindersoldaten oder weibliche Genitalverstümmelung – anschaulich durch die tatsächlichen Lebensgeschichten von Menschen.

Es ist wirklich an der Zeit, dass die ganze Welt von der Situation afrikanischer Frauen erfährt. Frauen in Afrika sind die am stärksten unterdrückten Menschen der Welt, und sie finden kein Gehör. Sie sind es, die die Dinge am Laufen halten und die sich um das Überleben ihrer Familien sorgen.

Bücher wie meine machen diese Frauen sichtbar. Sie verschaffen ihnen Gehör.

Im Fall meiner Bücher führte dies auch zu politischen Handlungen.

In dem Buch *Wüstenblume* meldete sich erstmals eine von Genitalverstümmelung betroffene Frau zu Wort.

Das war der Anfang einer Kampagne, und dank des Buches kann ich weltweit an der Bewusstseinsbildung mitwirken und für die Abschaffung der weiblichen Genitalverstümmelung kämpfen.

Bereits bevor ich dieses Buch geschrieben habe, hätte jeder über FGM Bescheid wissen können: Es ist kein Geheimnis, dass in mehr als dreißig Ländern kleine Mädchen und junge Frauen in einer Art und Weise verstümmelt werden, die anschließend ein normales Leben unmöglich macht.

Alle zehn Sekunden erleidet ein Mädchen solch eine Verstümmelung. Viele sterben unter furchtbaren Umständen daran. Doch die internationalen Medien schenkten dem Thema keine Beachtung, bis eine einzige Frau klar dazu Stellung bezog.

Das führte dazu, dass dem Kampf gegen FGM höchste Priorität in internationalen Entwicklungshilfeprogrammen verliehen wurde.

Die Vereinten Nationen ernannten mich zur Sonderbotschafterin im Kampf gegen FGM, und dank der damit verbundenen Wirkung in der Öffentlichkeit konnte ich meine eigene Stiftung gründen – die Waris Dirie Foundation.

Mit Hilfe meiner Stiftung und dank der Unterstützung und Spenden kann ich Projekte zur Abschaffung von FGM in verschiedenen afrikanischen Ländern durchführen und eine Kampagne initiieren, die dazu beiträgt, das Bewusstsein in Bezug auf diese grausame und unmenschliche Praktik zu stärken.

Mein Ziel ist es, die weibliche Genitalverstümmelung zu beenden.

Doch FGM geschieht nicht nur in Afrika, sondern auch hier in Berlin. Und Sie alle sind eingeladen, den Kampf dagegen zu unterstützen.

Abschließend möchte ich noch festhalten, dass Bücher über andere Kulturen diese nicht nur farbenfroh beschreiben sollten, sondern vielmehr einen wahrheits- und realitätsgetreuen Einblick in das Leben in diesen Kulturen bieten sollten.

Ich hoffe, dass Sie noch viele Bücher unterstützen werden, die uns helfen, eine Welt zu schaffen, in der verschiedene Kulturen respektiert und verstanden werden.

Allen Menschen, unabhängig von der Kultur, in welcher sie leben, stehen grundlegende Menschenrechte zu, und es ist unsere Pflicht, für diese zu kämpfen.

Danke.

REDE 5
gehalten auf der Internationalen FGM-Konferenz,
Nairobi, Kenyatta-Center, September 2004

Sehr geehrte Damen und Herren!

Ich danke Ihnen, dass Sie mir die Gelegenheit gegeben haben, eine Rede auf diesem Kongress zu halten. Es erfüllt mich mit großem Stolz, hier auf afrikanischem Boden zu stehen.

Es ist ein ganz spezieller Anlass, der uns heute hier in Nairobi zusammengeführt hat: Afrikanische Staatsmänner haben beschlossen, der grausamen Praktik der weiblichen Genitalverstümmelung ein Ende zu bereiten.

Kenia wagte den ersten Schritt und ratifizierte das Maputo-

Protokoll, ein wirksames Instrument zur Abschaffung von FGM.[1]

Als UN-Sonderbotschafterin im Kampf gegen FGM – und ganz besonders als eine aus Afrika stammende Frau – begrüße ich diesen Schritt von ganzem Herzen.

Kenia wird nun in die Liste jener Länder aufgenommen, welche FGM gesetzlich verbieten. Ich gratuliere Ihnen zu diesem Schritt.

Trotzdem kann dies nur ein erster Schritt sein. Sie alle wissen, dass die derzeitige Lage in Afrika für Frauen schlichtweg ungerecht ist. Gemäß den Angaben der Weltbank produzieren die Frauen unserer Länder mehr als achtzig Prozent der Nahrung und verrichten mehr als neunzig Prozent der Arbeit.

In den meisten afrikanischen Ländern ist es Frauen jedoch nach wie vor verwehrt, Land zu besitzen.

Insgesamt besitzen sie weniger als fünf Prozent des gesamten Vermögens. Dabei sind sie es, die unsere Gesellschaft am Laufen halten, die sich um Nahrung und die Kinder kümmern und die versuchen, die gesellschaftliche Eintracht zu erhalten.

Doch unsere Gesellschaft verabsäumt es, ihre Rechte anzuerkennen.

In vielen afrikanischen Ländern ist eine Frau nichts wert.

Man kann sie verkaufen oder kaufen.

Man kann sie ausnutzen oder sie verleugnen.

Die meisten Mädchen und Frauen haben keinen Zugang zu Bildung.

---

[1] Das Maputo-Protokoll wurde 2003 in der Hauptstadt Mosambiks verabschiedet und beinhaltet neben der Ächtung der Genitalverstümmelung weitreichende Frauenrechte. In dem Protokoll sind die Regierungen aufgerufen, in der Öffentlichkeit ein größeres Bewusstsein für die schädlichen Folgen der Beschneidung zu schaffen. Zudem wird gefordert, FGM als Straftat einzustufen und gesetzlich zu ahnden und beschnittenen Mädchen und Frauen zu helfen beziehungsweise sie vor einem Eingriff zu schützen. Das Protokoll kann erst in Kraft treten, wenn es von fünfzehn Ländern ratifiziert wird. Bislang haben dies nur zehn getan.

Die meisten Mädchen und Frauen haben keinen Zugang zu medizinischer Versorgung.

In Schwarzafrika stirbt eine von sechzehn Frauen während der Schwangerschaft oder der Geburt.

Das müsste aber nicht so sein: In Europa ist es aufgrund der guten medizinischen Versorgung nur eine von beinahe 4000 Frauen.

FGM ist ein Teil dieses Problems – und es ist der schrecklichste und der beunruhigendste Teil davon. FGM ruiniert das Leben der betroffenen Mädchen und Frauen.

Viele sterben daran, und diejenigen, die es überleben, leiden lebenslang an ernsten gesundheitlichen Problemen.

In manchen afrikanischen Staaten sind mehr als neunzig Prozent der Frauen betroffen. Laut Schätzungen der UNO werden jedes Jahr drei Millionen Mädchen in Afrika verstümmelt. Das bedeutet, dass allein am heutigen Tag 8000 Mädchen Opfer dieses Verbrechens werden. Morgen werden es wieder 8000 sein.

Tag für Tag werden 8000 Leben zerstört.

Erlauben Sie mir, an dieser Stelle sehr deutlich zu werden:

FGM ist keine Tradition.

FGM ist keine Kultur.

FGM hat nichts mit Religion zu tun.

FGM ist ein reines Verbrechen.

Das muss sich ändern. Und diese Veränderung liegt in unseren Händen.

Führer Afrikas, wo seid ihr, wenn eure Kinder weinen?

Führer Afrikas, wo seid ihr, wenn eure Kinder hungern?

Führer Afrikas, wo seid ihr, wenn eure Kinder sterben?

Heute wagen wir den ersten Schritt hin zu einer Veränderung. Das Maputo-Protokoll und dieses Gesetz sind ein großartiger Anfang.

Diese Schritte sind jedoch nicht genug: Denn solange sich

das Bewusstsein der Menschen nicht ändert, wird sich niemals etwas ändern. Was wir brauchen, ist eine intensive Kampagne zur Bewusstseinsbildung.

Mama Afrika, du hast uns so viel Reichtum, natürliche Fülle und Schönheit geschenkt.

Deine Stärke und Schönheit überdauerten die Zeit. Sie haben dich ausgenutzt und missbraucht.

Kein Platz der Erde ist so wie du. Ich sehne mich nach dir, und ich bin ein Teil von dir.

AFRICA NEEDS A NEW SPIRIT!

ICH HABE EINEN TRAUM:

Ich träume von einem Afrika, in welchem wir uns nicht mehr bekämpfen und töten, sondern uns gegenseitig helfen.

Ich träume von einem Afrika, in welchem Frauen und Männer gleich behandelt werden.

In welchem Frauen mit der verdienten Liebe und dem gebührenden Respekt behandelt werden.

Führer Afrikas,

diese Veränderung liegt in Ihren Händen.

Heute

unternehmen wir

einen ersten Schritt hin zu diesem Afrika.

Danke.

Bitte unterstützen Sie mich!

Seit zehn Jahren kämpfe ich weltweit gegen weibliche Genitalverstümmelung.

Unicef schätzt, dass 160 Millionen Frauen auf dieser Welt Opfer dieses grausamen Verbrechens wurden. Noch immer werden jährlich mindestens drei Millionen Mädchen in Afrika, Asien, aber auch in Europa, den USA und Australien genital verstümmelt. Das sind 8000 Mädchen am Tag. Alle zehn Sekunden wird ein Mädchen verstümmelt. Sie leiden ein Leben lang an den körperlichen und seelischen Verletzungen, viele sterben daran.

Ich versuche, mit der Waris-Dirie-Foundation durch Öffentlichkeitsarbeit, Netzwerkarbeit, Informationsveranstaltungen und Schulungen sowie durch Direkthilfe diesem Wahnsinn ein Ende zu setzen. Wenn Sie sich näher über meine Arbeit informieren wollen, besuchen Sie meine Homepage www.warisdirie-foundation.com. Wenn Sie mir schreiben wollen, dann bitte an meine persönliche E-Mail-Adresse waris@utanet.at.

Bitte helfen Sie mir mit Ihrer Spende, dieses Verbrechen zu stoppen.

Ihre Waris Dirie

Die Spendenkontonummern
der Waris-Dirie-Foundation lauten:

für Deutschland:
Dresdner Private Banking, Kto. Nr: 40 55 64000
BLZ: 500 803 00
IBAN: DE 25 5008 0300 0405 5640 00
BIC: DRSDEEF F

für Österreich:
Bank Austria Creditanstalt, Kto. Nr: 50333 903 555
BLZ: 12000
IBAN: AT 30 1200 0503 3390 3555
BIC: BKAUATWW

Bitte um Unterstützung für das FGM-Projekt in Somalia

Das Deutsche Rote Kreuz und der Somalische Rote Halbmond führen in Somalia eine Kampagne gegen FGM durch. Ich ersuche Sie, liebe LeserInnen, diese Kampagne finanziell zu unterstützen. Ich danke Ihnen schon jetzt für Ihre Spende. Die Spendenkontonummer des DRK finden Sie am Ende der Seite.

Danke!

Waris Dirie

Am Horn von Afrika gehört die qualvolle Beschneidung der Genitalien zum Schicksal junger Frauen und Mädchen. In der somalischen Gesellschaft ist es ein Zeichen für Jungfräulichkeit und Würde einer zukünftigen Ehefrau. Fast alle werden mit Rasierklingen, Messern und Nähzeug verstümmelt. Trotz des von unbeschreiblichen Schmerzen begleiteten, gefährlichen Eingriffs beugen sich die somalischen Frauen der Tradition, denn nur in einer Ehe können sie insbesondere in den ländlichen Gegenden überleben. Außerdem wird die Verstümmelung der weiblichen Genitalien in einigen islamischen Gemeinschaften des Landes als religiöse Vorschrift angesehen.

Seit einigen Jahren kämpft der Somalische Rote Halbmond gemeinsam mit dem Deutschen Roten Kreuz gegen die Beschneidung von jungen Frauen und Mädchen. Mit einer auf die Verhältnisse abgestimmten Kampagne werden gezielt unterschiedliche Gruppen der somalischen Gesellschaft angesprochen. So werden Frauen in Kliniken des Sudanesischen Roten Halbmondes über medizinische Probleme und Gefahren aufgeklärt und bei Bedarf zur Behandlung an Krankenhäuser vermittelt. Hebammen und das Personal der Kliniken des Somalischen Halbmondes werden ebenfalls geschult. Darüber hinaus wird in Seminaren gezielt auf politische und religiöse Würdenträger eingewirkt, um ein gesetzliches Verbot der Beschneidungen zu erreichen. Die Bevölkerung wird über die Aufklärungskampagne auch in den abgelegenen Gegenden Somalias erreicht und über die Folgen der Beschneidung informiert.

Auf Grund der tiefen Verwurzelung der Beschneidung in den Traditionen der somalischen Gesellschaft muss mit langem Atem auf eine Verhaltensänderung hingewirkt werden. Trotz des vergleichsweise kurzen Engagements der Rot-Kreuz-Bewegung ist bereits eine zunehmende Bereitschaft in der Bevölkerung zu verzeichnen, die Problematik offen anzusprechen und zu diskutieren. Ein großer Fortschritt, der Hoffnung für Tausende junge Frauen in sich birgt, dem qualvollen Ritual entgehen zu können.

Das langfristige Ziel der Aktivitäten des Deutschen Roten Kreuzes ist die vollständige Abschaffung der Genitalverstümmelung. Bitte unterstützen Sie uns dabei!

DRK-Spendenkonto:
Konto: 41 41 41
Bank für Sozialwirtschaft
BLZ 370 205 00
Verwendungszweck: »Somalia FGM«

Waris Dirie
Schmerzenskinder

ISBN 978-3-548-36886-3
www.ullstein-buchverlage.de

Bestsellerautorin und UN-Sonderbotschafterin Waris Dirie, die im Alter von fünf Jahren die Qualen der Beschneidung erlebte, war die erste Frau, die öffentlich über diese schlimme Folter sprach. Jetzt erzählt sie ihr Leben weiter, von dem Tag an, als sie ihr Schweigen brach: Sie berichtet von Begegnungen mit Opfern und Tätern, von den mühsamen Recherchen, von Rückschlägen und Erfolgen. *Schmerzenskinder* ist in vielerlei Hinsicht ein erschütterndes Buch, doch es ist auch ein Buch voller Kraft und Hoffnung für Millionen Frauen in aller Welt.

»Dieses Buch macht Hoffnung!« *Woman*

»Einfühlsam erzählt Waris Dirie von ihren Treffen mit den Opfern – und gibt den ›Schmerzenskindern‹ eine Stimme.« *Alles für die Frau*

Sueli Menezes · Bruni Prasske

Amazonaskind

ISBN 978-3-548-36829-0
www.ullstein-buchverlage.de

Mitten im brasilianischen Dschungel, am Amazonas, kommt Sueli Menezes zur Welt – und wird von ihrer Mutter ausgesetzt, vor der Tür einer fremden Familie. Ihre Kindheit ist geprägt von den Gefahren des tropischen Regenwaldes und der Brutalität des Pflegevaters, der über die Familie herrscht wie ein Tyrann. Eines Tages beobachtet ein französischer Ingenieur, wie das sechsjährige Mädchen misshandelt wird. Er bietet Sueli an, sie in die Großstadt Manaus mitzunehmen und für sie zu sorgen. Suelis Leben nimmt eine unverhoffte Wendung ...

»Die Geschichte von Sueli Menezes liest sich wie ein Roman, aber geschrieben hat sie das Leben.« *Journal für die Frau*

»Die fesselnde Geschichte einer starken Frau, die sich trotz aller Rückschläge nicht unterkriegen lässt.« *dpa*

China Keitetsi

Sie nahmen mir die Mutter und gaben mir ein Gewehr

Mein Leben als Kindersoldatin

ISBN 978-3-548-36481-0
www.ullstein-buchverlage.de

Die achtjährige China Keitetsi aus Uganda wird von Soldaten in ein Rekrutierungslager verschleppt und lernt dort den Umgang mit der Waffe. Schon bald kämpft sie als Frontsoldatin und Leibwächterin für hohe Militärs, von ihren erwachsenen Führern zum Morden gezwungen und vergewaltigt. Nach Jahren des Krieges und Missbrauchs gelingt ihr im Alter von neunzehn Jahren endlich die Flucht. Erstmals berichtet hier eine Betroffene von ihrem Leben als Kindersoldatin.

»Eine herbe und aufwühlende Lektüre.« *Die Zeit*

Kadiatou Diallo
Mein afrikanischer Himmel
Eine Muslimin befreit sich von den Fesseln ihrer Familie

ISBN 978-3-548-36863-4
www.ullstein-buchverlage.de

Als die 13-jährige Kadiatou mit einem doppelt so alten Mann verheiratet wird, ahnt sie nicht, welche Qualen ihr in der Ehe bevorstehen. Aufgewachsen in der strengmuslimischen Kultur Guineas, glaubt sie lange Zeit, sich in das Schicksal einer unmündigen Muslima fügen zu müssen. Doch eines Tages ist sie stark genug, für sich und ihre Kinder zu kämpfen. Sie erwirkt die Scheidung – ihr Leben scheint eine hoffnungsvolle Wendung zu nehmen. Doch wie sich bald herausstellt, muss sie für ihre neugewonnene Freiheit einen hohen Preis bezahlen …

Immaculée Ilibagiza
Aschenblüte

Ich wurde gerettet, damit ich erzählen kann
Mit zahlreichen Abbildungen

ISBN 978-3-548-36981-5
www.ullstein-buchverlage.de

»Ich hörte sie meinen Namen brüllen. Meine früheren Freunde und Nachbarn – jetzt liefen sie mit Macheten durchs Haus und suchten nach mir …«
In einem winzigen Versteck überlebt Immaculée Ilibagiza den Völkermord in Ruanda. Mit Hilfe ihres Glaubens gelingt es ihr, die Angst vor Entdeckung und das Grauen der Massaker zu ertragen – aber auch, den Mördern ihrer Familie zu verzeihen und ein neues Leben zu beginnen.

»Ein kostbarer Beitrag zu einer Literatur, die versucht, den Untiefen menschlicher Verkommenheit ein Stück Hoffnung entgegenzusetzen.« *Publishers Weekly*